関本竜太

JN058687

伝わる図面の
描きかた

住宅の実施設計 ㉕ の心構え

学芸出版社

まえがき

　ドラマや映画に出てくる建築家たちといえば、格好良くスケッチを描き飛ばし、その造形や世界観を追求する姿が印象的です。ところが描かれるシーンはそこまで。次のシーンではもう建築ができあがっています。エッ、もうできちゃったの!?　建築に携わる実務者ならみんな、心の中でツッコんでいることでしょう。建物を建てるということは、そう簡単ではないはずなのに……。

　もっとも、そこからはじまる地道な実施設計や現場監理の様子など描いたところで絵になりませんし、無駄に尺を喰うだけです。ある意味、我々建築家は世間から最も誤解されている職業の1つともいえるかもしれません。

　建築を実現するためには、避けては通れないいくつものプロセスが存在します。その中でも最も地味で、かつ世間にほとんど理解されていない工程の1つが「実施設計」かもしれません。先のドラマや映画に例えれば、原作のストーリーに基づき、役者の台詞や仕草を細かく書き起こした脚本のようなものとでも言いましょうか。これがなくては、役者も演出家も仕事になりません。

　私の主宰するリオタデザインでは、年間に竣工する住宅の数は多くても5〜6軒といったところ。小住宅であっても1軒につきおよそ4ヶ月程度の実施設計期間を設けているため、2〜3人のスタッフでこれらを回すことを考えると、これ以上の数はこなしきれないというのが実情です。

　効率的により多くの住宅設計をこなそうとする設計者であれば、実施設計をいかに省力化するかを考えることでしょう。ですが、もしかしたらそんな方はこの本は閉じた方がよいかもしれません。残念ながら、ここにはその真逆のことしか書かれていないからです。

　工務店は、設計者から受け取った図面がどんなに拙かったとしても、その通りに施工しなくてはならない義務が生じます。信じて乗っかった船が、願わくは泥船でないことを施工者たちは祈っているわけです。そのために、我々はどんな図面を描かなくてはいけないのでしょうか?

　とある現場でのことです。大工の使っている製本図面をふと見ると、左上に「バイブル」と書かれていました。これには感激しました。その大工は、細部まで穴が開くほど、我々の図面を読み込んでくれていたのでしょう。描かれている通りに作ってゆけば、すべてが整合のとれた状態で美しく仕上がる、そう信じて疑わないというさまがそこから伝わってきました。そんな彼にとって、我々の図面は確かに、進むべき道を指し示す「バイブル」そのものだったに違いありません。

　誠実に描かれた図面は、作り手の心を動かします。どんなに複雑で凝った作りであっても、それをどうやったら実現できるのか、一生懸命考えて図面を描いて持っていけば、職人さんは話を聞いてくれます。ノミやカナヅチの代わりに、我々は図面を描くことで、現場と対等にものづくりをしているのです。

　実施設計の進め方は人それぞれですし、事務所の数だけ作図のルールがあることでしょう。しかし事務所が変わろうとも、また製図の手段が手描きからCADになろうとも、作図の基本は1つしかありません。それは「伝わる図面を描く」ということです。

　本書には、我々がこれまでに経験してきた、建築実務における"あるある"が網羅されています。経験の浅い若い設計者や、私のように事務所を主宰されている方にとって、本書が座右の書となりましたら幸いです。

2021年1月
関本竜太

Contents

Ⅲ｜設計にフィードバックするための勘所 ——— *86*

KOTI について

　KOTI は葛飾区のとある下町に建つ小住宅である。KOTI とはフィンランド語で HOME を意味する言葉だ。HOUSE ではなく HOME。可愛らしく日本語に訳すなら「おうち」といったところだろうか。ハードとしての住宅というより、小さな敷地に建つプリミティブなシェルター（暮らし）という意味あいと、若く穏やかな建て主夫婦にふさわしい愛らしい住まいの形を考えたときに、この言葉がしっくりくるような気がした。

　建て主との出会いは、当時私が登壇した一般の方向けのセミナーに、ご夫婦で参加してくださったことがきっかけだった。セミナー後に話をすると、なんと奥さんは私が過去に設計した住宅の建て主さんの、会社の部下だということがわかった。日頃この上司からは「家を建てるなら建築家に限る」と刷り込まれていたといい、この日は私が登壇することをこの上司から聞き、後学のためにとご参加くださったとのことだった。

　家を建てようというときに、真っ先に建築家（設計事務所）にお願いしようと考える人は稀だ。建て主さんにとっては、そこには不安要素がいくつもあることは容易に察しがつく。このご夫婦もその点では例外ではなかったようだが、当日いろいろ話が聞けたことで、設計依頼へのハードルはだいぶ下がったようだ。

　ところが、そこからトントン拍子に話が進むほど甘くはなかった。お若いご夫婦にとって、都内の土地を買うというのはとてつもなくハードルが高い。ここにもご予算の壁が大きく立ちはだかっていた。

　それから、はや数ヶ月が経とうとしていた頃、このご夫婦からご連絡があった。葛飾区のとある住宅地の一角にある土地を、身内から安く譲ってもらえるかもしれないとのことだった。

　相談を受けて見に行った土地の印象は、今でもよく覚えている。敷地につながる細い路地は下町らし

い趣を残し、直線の先でわずかにクランクしていた。敷地はその先にあるようだった。

　期待を膨らませて対面した場所にあったのは、わずか 20 坪ほどの小さな敷地に建つ平屋の古屋だった。少々肩透かしを食らいながらも、そのときに直感したのは、玄関は路地を抜けて真っ先に「ただいま！」と言って入れるような場所に設けようということと、玄関先にはシンボルとなる樹を植えて路地に開かれた広場のような場所を作ろうということだった。路地を抜けてそんな光景が目に飛び込んでくれば、ご夫婦も、家への来客も、そして近所の人も心躍るに違いないと思ったからだ。

　プランニングでは、メインコンセプトを「路地に開かれた広場」とした。ご夫婦はそのプランを好意的に受け止めてくださったものの、そこに含めていた 1 つのアイデアについては戸惑ったような表情を浮かべた。玄関脇に、誰でも腰掛けられるベンチを設けることを提案していたのだ。

　「これって、知らない人も座るかもしれないんですよね……？」

　はい、その通りです。

　その戸惑いは当然だろう。自分の敷地内に知らない人が入ってくるかもしれない提案など、個人住宅では一般的に許されるはずはない。

　けれど、昔の下町では公私の領域の線引きなどないに等しかったはず。路地はみんなの社交場だったし、子どもたちの遊び場だった。それがいつしか、敷地には塀がまわされ、玄関には防犯性の高いロックが取り付けられるようになった。無断で立ち入ろうものなら、ただちに不法侵入で通報されてしまう。

　敷地の区割りが小さな住宅密集地だからこそ、そんなバリアを少しでも低くしたい。みんなが住まいや庭の一部を街に開きはじめれば、互いに暮らしをシェアし合うおおらかで豊かな街になるに違いな

路地の入口に立つ。こういう路地を見つ
けると意味なく進んでゆきたくなる。

クランクした路地の先に敷地があるよ
うだ。高まる期待。

路地を抜けて急に広がる視界。この古屋
が建つ場所が今回の敷地だ。さあ、どん
な家にしようかな？

KOTI について

い。玄関脇のベンチは、割とまじめに信じているそんな思いを込めた提案なのだった。

ただ、いくら設計者がそう思ったとしても、実際にお住まいになる方にごり押しはすべきではない。

戸惑うご夫婦に、私は説得せず「そうですか、じゃあベンチはやめましょうか」とお伝えした。

ところがご夫婦は、私の提案に何か理屈では割り切れないものがあると感じたのか、しばらく悩んだのち「やっぱり、ベンチは設計通りに残してください」と答えてくださった。

設計において一番大事なパズルのピースがはまった気がした。私は心の中でガッツポーズを決めた。

完成した住宅の床面積は、ロフトを除けばわずか21坪ほど。そこにご夫婦と、将来のお子さんを見込んで、ご家族3人のための住まいの要素を詰め込んでいる。

こうした狭小住宅では、日照を考慮して2階にリビングを設けることも多いが、この住宅では路地とのつながりを保つことや、生活の気配を街にこぼすことを意図して、1階にリビングを設けている。リビングには吹き抜けを設けて光を取り込み、各階の家族同士が気配でつながれるようにした。

個室は最小限としつつ、クローゼットなどは家族でシェアできるよう大きめに設えた。

浴室は明るく開放感があるように。

そして2階には、1階リビング前のテラスとは別にもう1つのテラスを作り、こちらは路地とは視線を切りつつ、休日にコーヒーを飲みながら読書でもできるようにと、テーブルを広げられる広さにした。上部には開閉式のオーニングまで設けている。まさに開いてよし、閉じてよしの都市型住宅だ。

こういう小住宅を設計するときに重要なのは、ディテールへの配慮である。住まいのあらゆる要素がせめぎ合い、住まい手の目線もおのずと近くなる。そんなところにほつれを見つけてしまうと、ス

トレスを抱える人も出てくる。そのためこの住宅では細部に至るまで、住まい手の使い勝手をシミュレーションしながら繊細に設計に織り込んだ。

それを高い次元で実現できたのは、請け負ってくださった工務店の高い品質管理と腕の立つ大工さんの力に負うところが大きい。造園家も厳しい予算のなか、樹種や樹形を吟味して、最高の"街かど空間"を作り上げてくださった。

お引渡しをして1年ほどが経ち、点検にお伺いしたときに建て主さんに尋ねた。

「知らない人はベンチに座りましたか?」

結局、堂々とこのベンチに座るような大胆な大人はまだ出現していないらしいが、下校中の小学生が無邪気にちょこんと座ったり、猫が気持ち良さそうに昼寝をしたりしている姿はよく見かけるそうだ。

街かどの庭木に水をあげていると、近所の人によく話しかけられるという。素敵な住まいですねという挨拶に笑顔で応えたり、訊ねられた植物の名を答えたりしながら、交流を楽しんでいるそうだ。

このKOTIという住宅に込めた思いが、豊かに実っていることを実感している。

■ KOTI

所在地	東京都葛飾区
用途地域	準工業地域
構造	木造在来工法　地上2階建て＋ロフト
敷地面積	66.88m²/20.23 坪
建築面積	38.91m²/11.77 坪
延べ床面積	70.01m²/21.17 坪　※ロフト含まず 80.78m²/24.43 坪　※ロフト含む
設計期間	2017/03 - 2018/01
工事期間	2018/05 - 2018/11
施工	大和工務店
植栽	小林賢二（小林賢二アトリエ）
撮影	新澤一平

シンボルツリーのアオダモが植わり、新しく生まれ変わった街かど。

陽当たりの良い玄関脇には、誰でも座れるベンチを設けた。

KOTI について

アールトの照明が下がるダイニング。対面のアイランドキッチンと
一体的にダイニングテーブルをしつらえた。

リビングのその先には路地からの視線をゆるやかに遮る木塀とテラス。
吹き抜けからは光が落ちる。

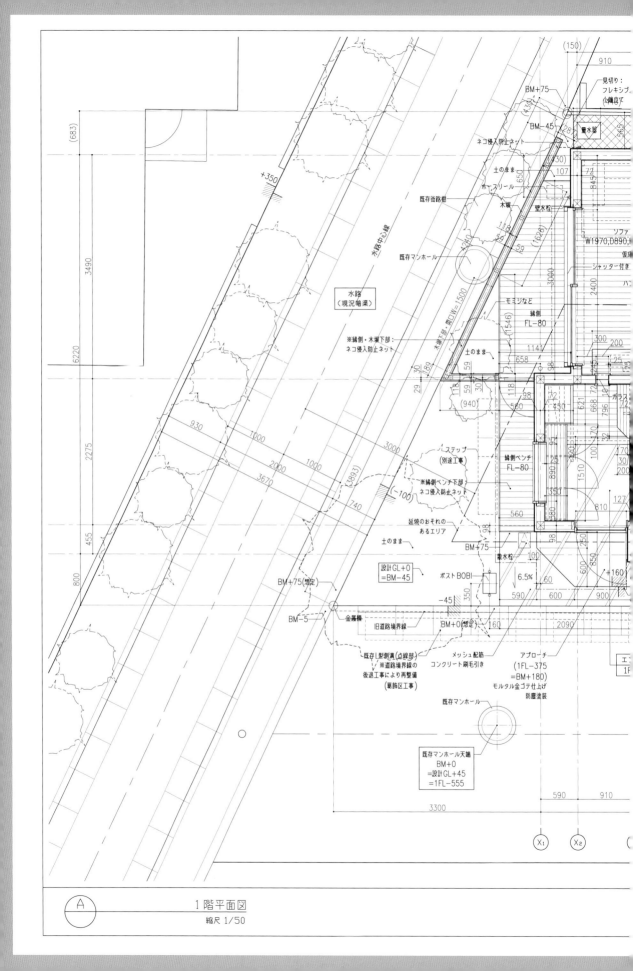

見切り：
フレキシブ
(L織立て

BM+75

BM-45

電水器

ネコ侵入防止ネット

土のまま

ホースリール

木塀

壁水栓

既存街路樹

既存マンホール

モミジなど
縁側
FL-80

ソファ
W1970,D890,
仮床

シャッター付き

水路中心線

水路
（現況暗渠）

※縁側・木塀下部：
ネコ侵入防止ネット

土のまま

ステップ
(別途工事)

※縁側ベンチ下部
ネコ侵入防止ネット

縁側ベンチ
FL-80

延焼のおそれの
あるエリア

土のまま

BM+75

散水栓

6.5%

設計GL+0
=BM-45

ポスト BOBI

BM+75(想定)

BM+0(想定)

−45

BM-5

金属柵

旧道路境界線

既存L型側溝(点線部)
※道路境界線の
後退工事により再整備
(葛飾区工事)

メッシュ配筋
コンクリート刷毛引き

アプローチ
(1FL−375
=BM+180)
モルタル金ゴテ仕上げ
防塵塗装

既存マンホール

既存マンホール天端
BM+0
=設計GL+45
=1FL−555

ガラス

X1 X2

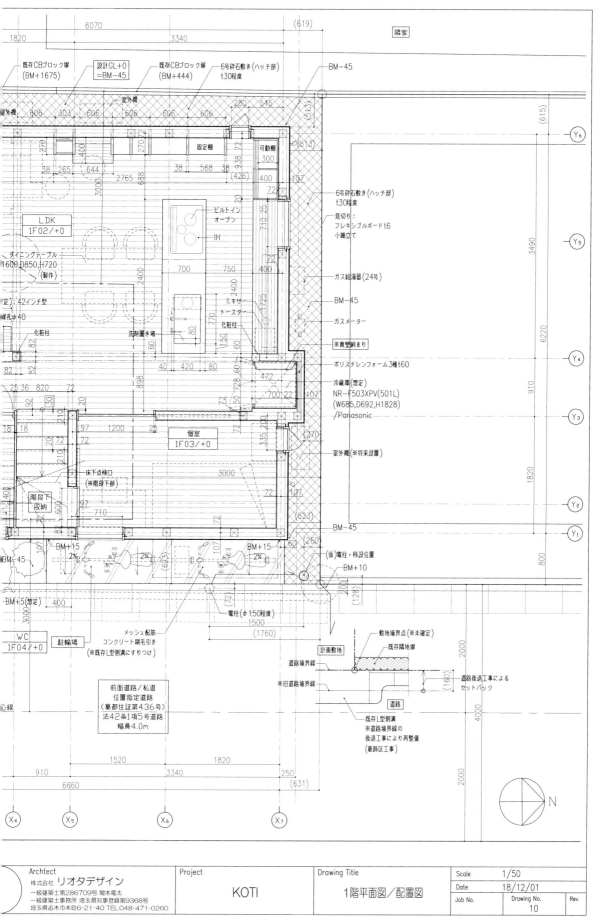

Archtect	Project	Drawing Title	Scale	1/50
株式会社 リオタデザイン	KOTI	1階平面図／配置図	Date	18/12/01
一級建築士第286709号 関本竜太 一級建築士事務所 埼玉県知事登録第9368号 埼玉県志木市本町6-21-40 TEL:048-471-0260			Job No.	Drawing No. 10	Rev.

※図面は85%に縮小しています

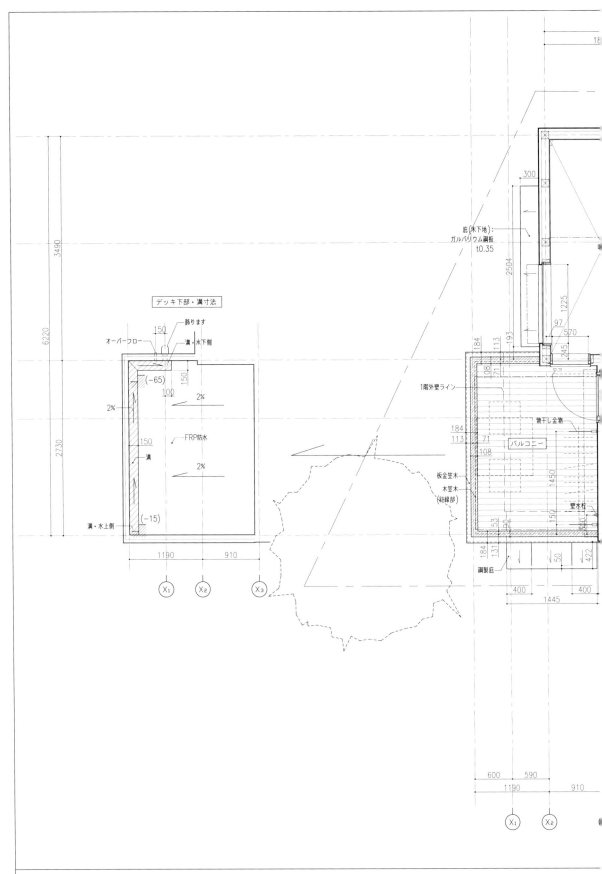

デッキ下部・溝寸法

飾りります
オーバーフロー
溝・水下側
(−65)
100
2%
2%
FRP防水
150
溝
2%
(−15)
溝・水上側

庇(木下地):
ガルバリウム鋼板
t0.35

1階外壁ライン

物干し金物

バルコニー

板金笠木
木笠木
(斜線部)

壁水柱

鋼製庇

150

1190   910

X₁   X₂   X₃

600   590

1190   910

X₁   X₂

A   2階平面図
縮尺 1/50

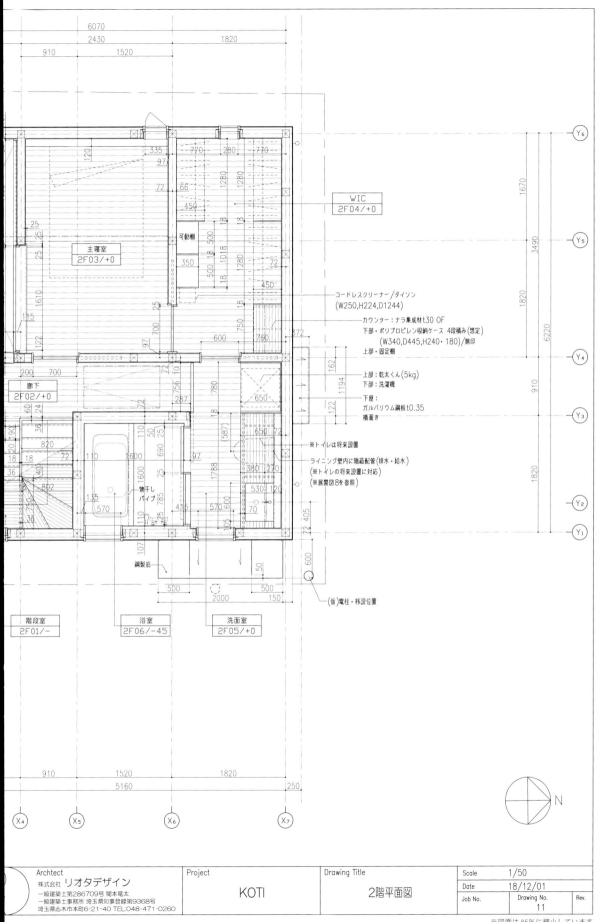

WIC
2F04/+0

主寝室
2F03/+0

可動棚

廊下
2F02/+0

コードレスクリーナー /ダイソン
(W250,H224,D1244)

カウンター：ナラ集成材t30 OF
下部・ポリプロピレン収納ケース 4段積み(想定)
(W340,D445,H240・180)/無印
上部・固定棚

上部：乾太くん(5kg)
下部：洗濯機

下屋：
ガルバリウム鋼板t0.35
横置き

※トイレは将来設置

ライニング壁内に隠蔽配管(排水・給水)
(※トイレの将来設置に対応)
(※展開図8を参照)

物干し
パイプ

鋼製庇

(仮)電柱・移設位置

階段室
2F01/-

浴室
2F06/-45

洗面室
2F05/+0

N

Archtect 株式会社 リオタデザイン 一級建築士第286709号 関本竜太 一級建築士事務所 埼玉県知事登録第9368号 埼玉県志木市本町6-21-40 TEL:048-471-0260	Project KOTI	Drawing Title 2階平面図	Scale	1/50
			Date	18/12/01
			Job No.	Drawing No. 11 / Rev.

※図面は 85%に縮小しています

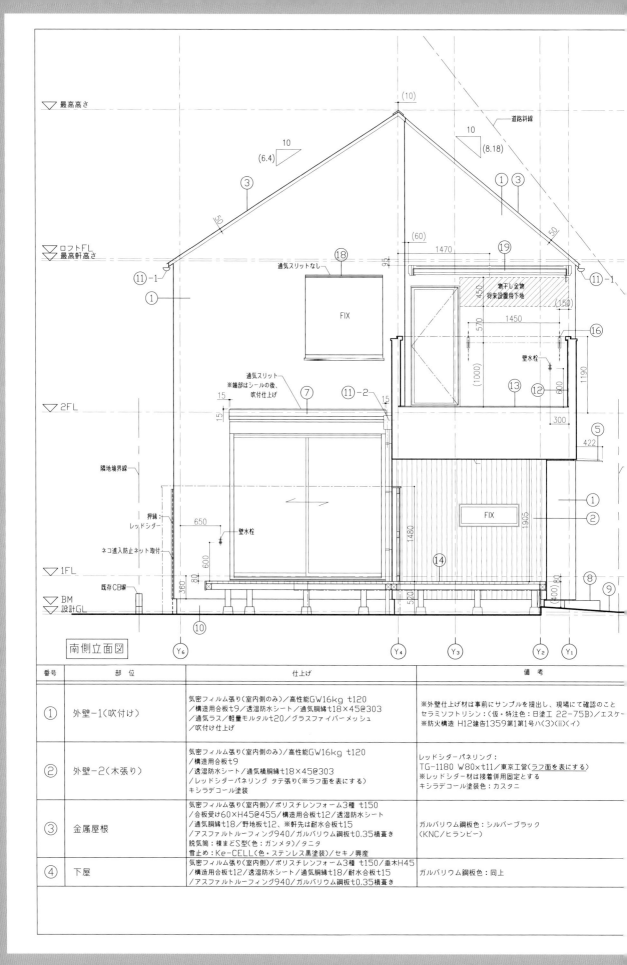

南側立面図

番号	部位	仕上げ	備考
①	外壁－1（吹付け）	気密フィルム張り（室内側のみ）／高性能GW16kg t120／構造用合板t9／透湿防水シート／通気胴縁t18×45@303／通気ラス／軽量モルタルt20／グラスファイバーメッシュ／吹付け仕上げ	※外壁仕上げ材は事前にサンプルを提出し、現場にて確認のこと　セラミソフトリシン：（仮・特注色：日塗工 22-75B）／エスケ…　※防火構造 H12建告1359第1号ハ（3）（ii）（イ）
②	外壁－2（木張り）	気密フィルム張り（室内側のみ）／高性能GW16kg t120／構造用合板t9／透湿防水シート／通気横胴縁t18×45@303／レッドシダーパネリング タテ張り（※ラフ面を表にする）／キシラデコール塗装	レッドシダーパネリング：TG-1180 W80×t11／東京工営（ラフ面を表にする）　※レッドシダー材は接着併用固定とする　キシラデコール塗装色：カスタニ
③	金属屋根	気密フィルム張り（室内側）／ポリスチレンフォーム3種 t150／合板受け60×H45@455／構造用合板t12／透湿防水シート／通気胴縁t18／野地板t12／軒先は耐水合板t15／アスファルトルーフィング940／ガルバリウム鋼板t0.35横葺き／脱気筒：棟まどS型（色：ガンメタ）／タニタ／雪止め：Ke-CELL（色・ステンレス黒塗装）／セキノ興産	ガルバリウム鋼板色：シルバーブラック（KNC／ヒランビー）
④	下屋	気密フィルム張り（室内側）／ポリスチレンフォーム3種 t150／垂木H45／構造用合板t12／透湿防水シート／通気胴縁t18／耐水合板t15／アスファルトルーフィング940／ガルバリウム鋼板t0.35横葺き	ガルバリウム鋼板色：同上

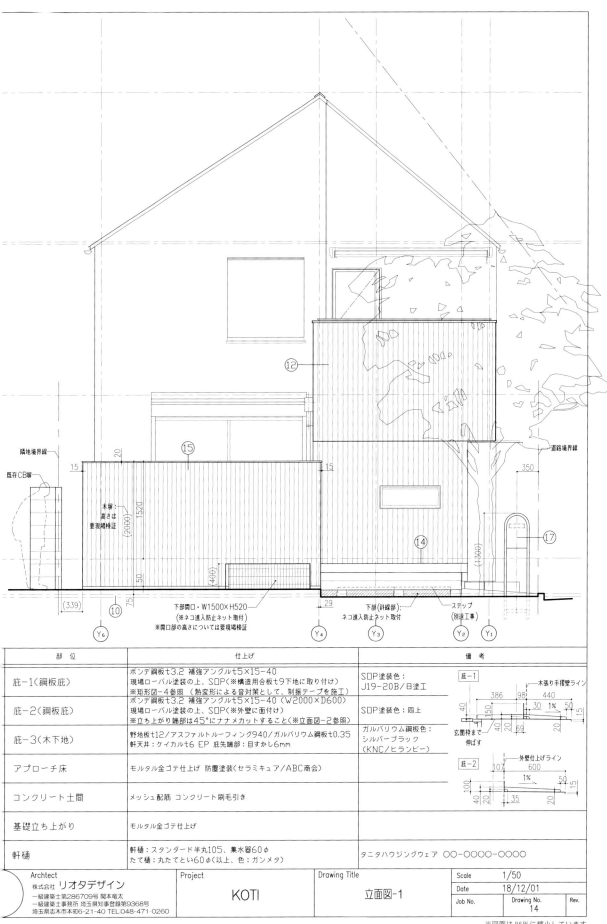

部　位	仕上げ	備　考
庇-1（鋼板庇）	ボンデ鋼板t3.2 補強アングルt5×15-40 現場ローバル塗装の上、SOP（※構造用合板t9下地に取り付け） ※矩形図-4参照（熱変形による音対策として、制振テープを施工）	SOP塗装色： J19-20B／日塗工
庇-2（鋼板庇）	ボンデ鋼板t3.2 補強アングルt5×15-40（W2000×D600） 現場ローバル塗装の上、SOP（※外壁に面付け） ※立ち上がり端部は45°にナナメカットすること（※立面図-2参照）	SOP塗装色：同上
庇-3（木下地）	野地板t12／アスファルトルーフィング940／ガルバリウム鋼板t0.35 軒天井：ケイカルt6 EP 庇先端部：目すかし6mm	ガルバリウム鋼板色： シルバーブラック （KNC／ヒランビー）
アプローチ床	モルタル金ゴテ仕上げ 防塵塗装（セラミキュア／ABC商会）	
コンクリート土間	メッシュ配筋 コンクリート刷毛引き	
基礎立ち上がり	モルタル金ゴテ仕上げ	
軒樋	軒樋：スタンダード半丸105、集水器60φ たて樋：丸たてとい60φ（以上、色：ガンメタ）	タニタハウジングウェア ○○-○○○○-○○○○

Archtect
株式会社 リオタデザイン
一級建築士第286709号 関本竜太
一級建築士事務所 埼玉県知事登録第9368号
埼玉県志木市本町6-21-40 TEL:048-471-0260

Project	Drawing Title	Scale	1/50
KOTI	立面図-1	Date	18/12/01
		Job No.	Drawing No. 14　Rev.

※図面は85%に縮小しています

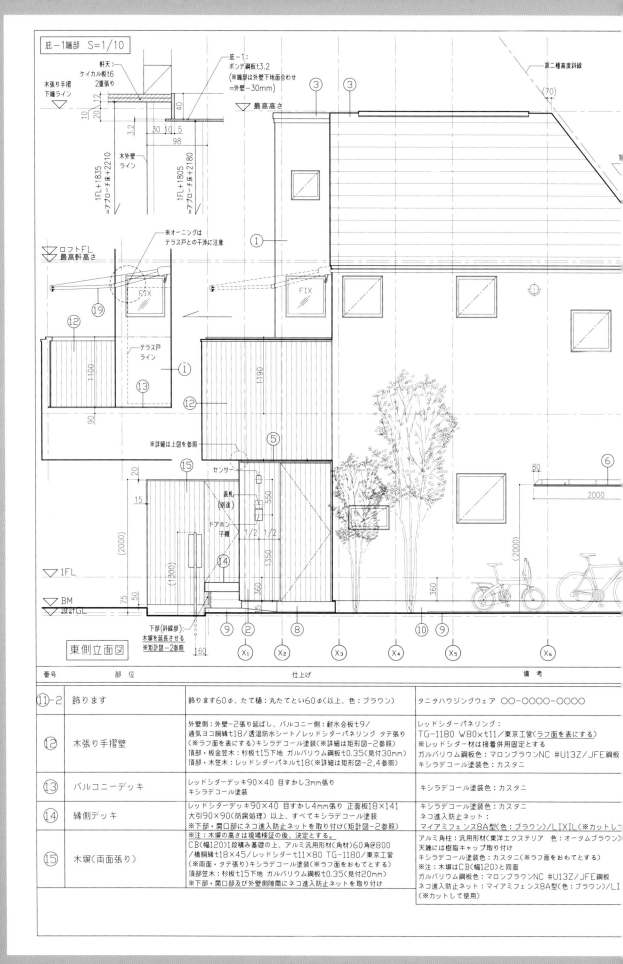

庇−1端部　S=1/10

軒天：
ケイカル板t6
2重張り

木張り手摺
下端ライン

庇−1：
ボンデ鋼板t3.2
（※端部は外壁下地合わせ
=外壁−30mm）

最高高さ

第二種高度斜線

木外壁
ライン

1FL+1835
=アプローチ床+2210

1FL+1805
=アプローチ床+2180

ロフトFL
最高軒高さ

※オーニングは
テラス戸との干渉に注意

FIX

FIX

テラス戸
ライン

※詳細は上図を参照

センサー

表札
（別途）

ドアホン
子機

1/2　1/2

※オーニングは

下部（斜線部）：
木塀を延長させる
※矩計図−2参照

東側立面図

1FL

BM
設計GL

番号	部　位	仕上げ	備　考
⑪−2	飾ります	飾ります60φ、たて樋：丸たてとい60φ（以上、色：ブラウン）	タニタハウジングウェア　OO-OOOO-OOOO
⑫	木張り手摺壁	外壁側：外壁−2張り延ばし、バルコニー側：耐水合板t9／通気ヨコ胴縁t18／透湿防水シート／レッドシダーパネリング タテ張り（※ラフ面を表にする）キシラデコール塗装（※詳細は矩計−2参照）頂部・板金笠木：杉板t15下地 ガルバリウム鋼板t0.35（見付30mm）頂部・木笠木：レッドシダーパネルt18（※詳細は矩計図−2,4参照）	レッドシダーパネリング：TG-1180 W80×t11／東京工営（※ラフ面を表にする）ガルバリウム鋼板色：マロンブラウンNC #U13Z／JFE鋼板キシラデコール塗装色：カスタニ
⑬	バルコニーデッキ	レッドシダーデッキ90×40 目すかし3mm張りキシラデコール塗装	キシラデコール塗装色：カスタニ
⑭	縁側デッキ	レッドシダーデッキ90×40 目すかし4mm張り 正面板18×141大引90×90（防腐処理）以上、すべてキシラデコール塗装※下部・開口部にネコ進入防止ネットを取り付け（矩計図−2参照）	キシラデコール塗装色：カスタニネコ進入防止ネット：マイアミフェンス8A型（色：ブラウン）／LIXIL（※カットして
⑮	木塀（両面張り）	※注：木塀の高さは現場検証の後、決定とする。CB（幅120）1段積み基礎の上、アルミ汎用形材（角材）60角@800／横胴縁t18×45／レッドシダーt11×80 TG-1180／東京工営（※両面・タテ張り）キシラデコール塗装（※ラフ面をおもてとする）頂部笠木：杉板t15下地 ガルバリウム鋼板t0.35（見付20mm）※下部・開口部及び外壁側隙間にネコ進入防止ネットを取り付け	アルミ角柱：汎用形材（東洋エクステリア 色：オータムブラウン）天端には樹脂キャップ取り付けキシラデコール塗装色：カスタニ（※ラフ面をおもてとする）※注：木塀はCB（幅120）と同面ガルバリウム鋼板色：マロンブラウンNC #U13Z／JFE鋼板ネコ進入防止ネット：マイアミフェンス8A型（色：ブラウン）／LI（※カットして使用）

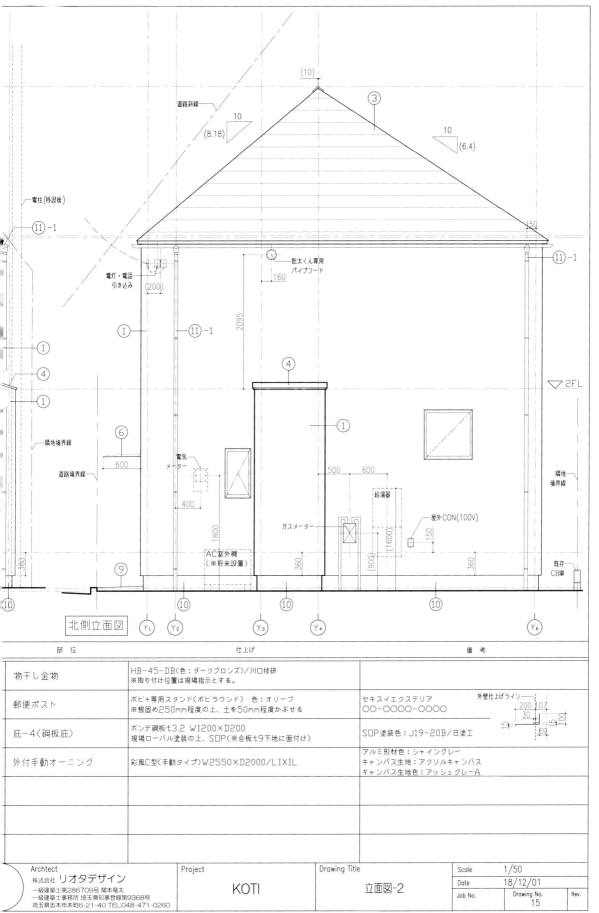

北側立面図

部位	仕上げ	備考
物干し金物	HB-45-DB(色:ダークブロンズ)/川口技研 ※取り付け位置は現場指示とする。	
郵便ポスト	ボビ+専用スタンド(ボビラウンド) 色:オリーブ ※根固め250mm程度の上、土を50mm程度かぶせる	セキスイエクステリア ○○-○○○○-○○○○
庇-4(鋼板庇)	ボンデ鋼板t3.2 W1200×D200 現場ローバル塗装の上、SOP(※合板t9下地に面付け)	SOP塗装色:J19-20B/日塗工
外付手動オーニング	彩風C型(手動タイプ)W2550×D2000/LIXIL	アルミ形材色:シャイングレー キャンバス生地:アクリルキャンバス キャンバス生地色:アッシュグレーA

Archtect
株式会社 リオタデザイン
一級建築士第286709号 関本竜太
一級建築士事務所 埼玉県知事登録第9368号
埼玉県志木市本町6-21-40 TEL:048-471-0260

Project	Drawing Title	Scale	1/50
KOTI	立面図-2	Date	18/12/01
		Job No.	
		Drawing No.	15 Rev.

※図面は85%に縮小しています

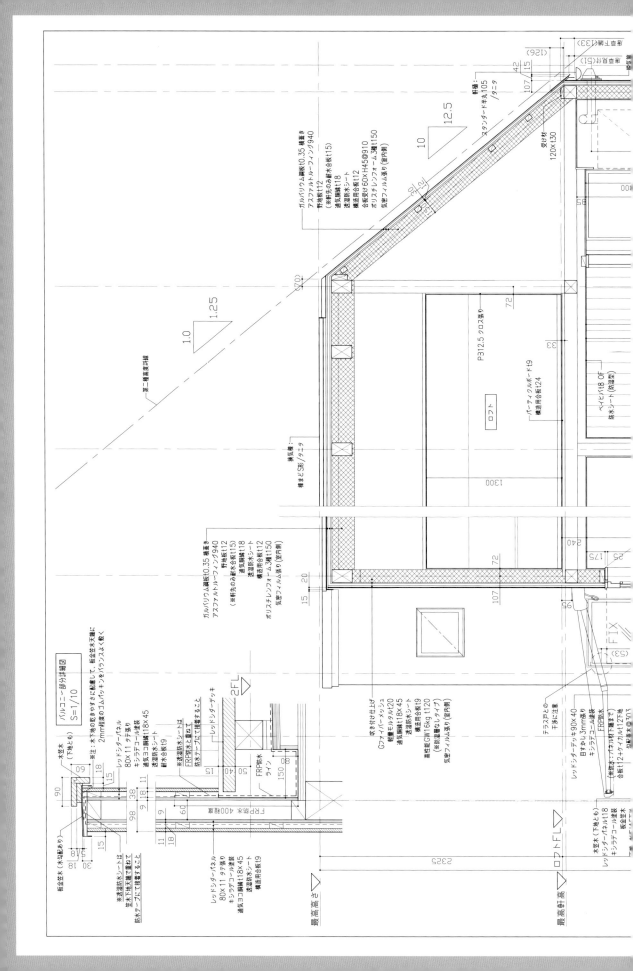

第二種高度斜線

1.25 | 1.0

12.5 | 10

1.0

軒樋：
スタンダード丸105
1/ニ=9

受材料
120×t30

ガルバリウム鋼板t0.35 横葺き
アスファルトルーフィング940
野地板t12
（寒軒先のみ耐水合板t15）
通気胴縁t18
透湿防水シート
合板受け60×H45@910
構造用合板t12
ポリスチレンフォーム3種t150
気密フィルム張り（室内側）

P312.5 クロス張り

パーティクルボードt9
構造用合板t24

ベイトガt18 OF
（防湿型）

ロフト

1300

ベイトガt18 OF
防水シート（防湿型）

ガルバリウム鋼板t0.35 横葺き
アスファルトルーフィング940
野地板t12
（寒軒先のみ耐水合板t15）
通気胴縁t18
透湿防水シート
構造用合板t12
ポリスチレンフォーム3種t150
気密フィルム張り（室内側）

72

107 | 20

15

72

240

107 | 175 | 25

95

FIX

ガルバリウム鋼板t0.35 横葺き
アスファルトルーフィング940
野地板t12
（寒軒先のみ耐水合板t15）
通気胴縁t18
透湿防水シート
構造用合板t12
ポリスチレンフォーム3種t150
気密フィルム張り（室内側）

吹き付け仕上げ
G2ファイバーメッシュ
軽量モルタルt20
通気胴縁t18×45
透湿防水シート
構造用合板t9
高性能GW16kg t120
（※防湿層なしタイプ）
気密フィルム張り（室内側）

テラスアとの
干渉に注意

レッドシダーデッキ+90×40
目すかし3mm張り
キシラデコール塗装
FRP防水

（※防水t12+ナイロンパテt12下地
合板t12+ナイロンパテt12下地）
t303

バルコニー部分詳細図　S=1/10

板金笠木（水勾配あり）

木笠木
（下地とも）

レッドシダーパネル
80×11 タテ張り
キシラデコール塗装
通気ヨコ胴縁t18×45
透湿防水シート
耐水合板t9

2FL

FRP防水と重ねて
防水テープで接着すること

レッドシダーデッキ

FRP防水
ライン

FRP防水 t400 程度

※注：木下地の乾きやすさに配慮して、板金笠木天端に
2mm程度のゴムパッキンをバランスよく敷く

90 | 18 | 15 | 60

09 | 18 | 15

98 | 38 | 11

9 | 18

11 | 9

60

150 | 8

40 | 50

15

※透湿防水シートは
笠木下地天端で重ねて
防水テープで接着すること

30 | 18

5 | 18 | 15

レッドシダーパネル
80×11 タテ張り
キシラデコール塗装
通気ヨコ胴縁t18×45
透湿防水シート
構造用合板t9

ロフトFL

木笠木（下地とも）
レッドシダーパネルt18
キシラデコール塗装

最高高さ

2325

最高軒高

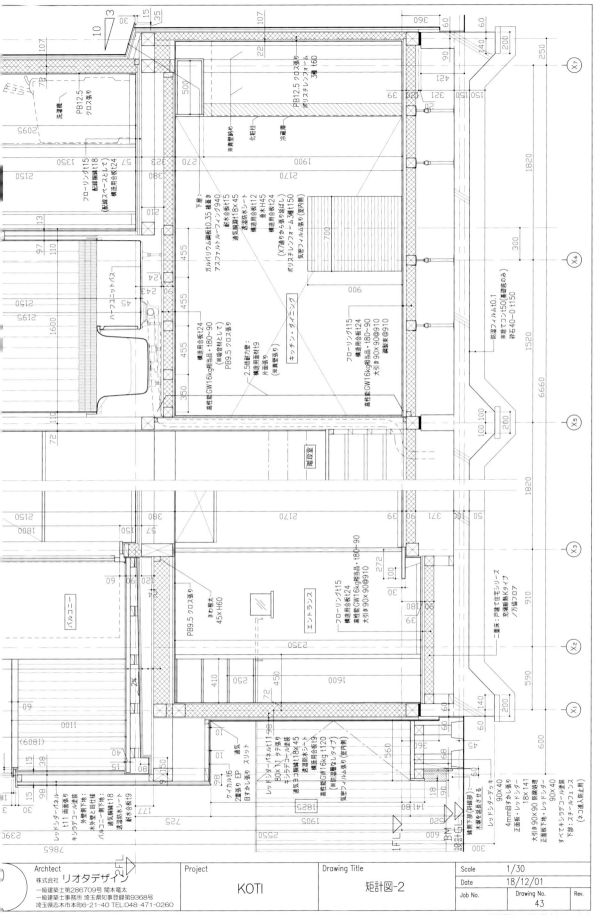

Archtect
株式会社 リオタデザイン
一級建築士第286709号 関本竜太
一級建築士事務所 埼玉県知事事務登録第9368号
埼玉県志木市本町6-21-40 TEL:048-471-0260

Project	Drawing Title	Scale	1/30
KOTI	矩計図-2	Date	18/12/01
		Job No.	Drawing No. 43	Rev.

※図面は 85%に縮小しています

我々はどこを向いて仕事をするのか？

何のために仕事をするのか？

　我々は何のために仕事をしているのでしょう？　1つは「自己実現のため」ということがあるかもしれません。小さい頃からの夢を叶えて、今の仕事に就いているという方がいたとしたら素晴らしいことですよね。また自分らしく生きるための手段として、仕事があるという方もいらっしゃるかもしれません。

　あるいは率直に、「お金のため」ということもあると思います。お金を稼がなくては生活ができませんので、生活の手段として仕事をするというのはいわば当然のことです。

　私にとっても仕事のモチベーションとして前述の2つは外すことができませんが、もう1つの大きな目的意識があります。それは、「誰かの役に立つため」です。

　きれいごとを言うつもりはありませんが、私が建築という仕事を通じていつも思っていることは、誰かの役に立ちたいということです。

　たとえば1軒の住宅を設計することで、そこに住むご家族に対して、何かポジティブな化学反応を起こせたとしたら、私はそこに何か仕事を残せたと感じますし、大きな充足感を得ることができます。自分の仕事が、社会において誰かの役に立っていると感じられたとき、人は自己実現や報酬からも離れて、何か人生の目的の1つに触れたかのような多幸感が得られる気がするのです。私はそれこそが仕事をする目的ではないかと思っています。

どこを向いて仕事をするのか？

　それでは、我々はどこを向いて仕事をしているのでしょう？仕事をする目的が「誰かの役に立つため」だとしたら答えは簡単です。住宅であれば、我々は「住まい手」のほうを向いて仕事をしなくてはならないのだと思います。

　当たり前のことだと思うでしょうか？　ところがこれは常に意識をしていないと、すぐに忘れてしまうことなのです。

　たとえば会社で仕事をしていたら、上司の指示に従って仕事をすることになりますよね。上司もまた会社に雇われていますから、その上司は会社の利益を上げるため、会社のほうを向いて仕事をしているかもしれません。

　これは会社員であれば当然のことですし、もちろん悪いことではありません。しかしこの上司がそれしか考えていなかったとしたら、この時点でチームが向き合っているのは、「住まい

手」ではなく「会社」にすり替わってしまう可能性もあるのです。

　個人の設計者であれば、自己実現への欲求から、メディアや社会的評価のほうを向いて仕事をしてしまうこともあるかもしれません。現場なら、目先の問題解決を優先したくなることもあるでしょう。これも落とし穴の1つです。

　また過去の慣習や経験は、時に仕事の判断を鈍らせることもあります。いつもそうしている、過去にそれでうまくいった、という成功体験の積み重ねは、条件の異なる個別の案件すらも、つい過去の仕事の方法論や型へと当てはめて考えてしまいがちです。その方が楽だし、仕事をより確実に行える方法だと、皆が信じているからでしょう。

　私はこれを思考停止と呼んでいます。私も油断するとついそこに陥りそうになります。そんなときにいつも呪文のように自分に言い聞かすのが、この「我々はどこを向いて仕事をしているのか」という言葉です。

当事者意識が設計力を育む

　この意識は、私は仕事に対するモチベーションのみならず、設計が上手くなるための近道でもあるような気がするのです。

　たとえば、まっさらな敷地にプランを描いてゆくとき、その意識がまっすぐに住まい手の意識や目線とつながっていないと、良い線は描けません。良い線とは、住宅であればありありとそこに生活像が浮かび上がるような、活き活きとした図面表現のことを指します。あたかもそこに動画の再生ボタンがついていて、ワンクリックで楽しい生活が頭の中に再生されるような設計を我々は目指したいと思っています。住まい手に対する思いやりや想像力、当事者意識こそが設計力を育むのだと思います。

　問題に行き詰まったとき、判断に迷ったとき、頭の中でこの言葉を呟いてみてください。とてもシンプルに道が拓けると思います。

I

伝わる図面を描くための心構え

01 | 線のメリハリは図面の生命線

筆圧だけで描き分ける世界

大学を卒業し、私が実務を学んだ設計事務所はいわゆる手描きの設計事務所だった。1994年当時もすでにCADはあったし、大手組織事務所やデジタル化に意欲的な設計事務所ではすでに導入しているところもあったが、小規模なアトリエでCADを活用している事務所はまだ少数だった。

私はその事務所で多くを学んだが、その1つが手描き図面の流儀だった。その事務所では和紙のような風合いを持つやや特殊なトレペを使い、使う製図用ホルダーは1本だけ。そこにBの芯だけを入れて描くというスタイルだった。

そのトレペは鉛筆の乗りがすこぶる良く、作図者のホルダーの筆圧をデリケートに拾ってくれるため、やわらかいBの芯1本だけで、か細い補助線から、極太のGLラインまでを自在に表現することができた。

また所長や先輩スタッフの図面は大変美しく、どうやったらこんなに緻密できれいな図面が描けるのだろうとため息をついて眺めたものだった。

鉛筆1本の筆圧だけで、設計意図の重みを描き分ける深遠な世界。必要にして簡潔な情報にもかかわらず、すべてが伝わってくるようなその図面の佇まいに、建築という世界の奥深さを感じたものだった。それが私の図面に対する思いの原点である。

手描き図面の感覚をCADに持ち込む

図面の線で最も重要なのは太線である。設計意図は太線にこそ宿る。文章でも大事なところを太字にすることがあるが、それと同じかもしれない。

建物の輪郭を示す外形線や断面線、地盤面（GL）を示す線などは、当時「親のかたきを取るように」強く描けと言われた。また、対照的に通り芯やハッチング、補助線などは細く描く。この線のメリハリこそが図面の生命線だと教わった。

これはCAD作図であっても同じである。30代で独立してから始めたCADにも、手描き図面の流儀を反映した。

リオタデザインのCADの線種レイヤーは、線の太さ・細さによって分けて設定している。スタッフは、かつて私がホルダーの筆圧で線の濃淡を描き分けたように、印刷設定上の下限である細さ0.05mmから0.40mm程度まで、ここはもう少し太く、ここは細く、と線種レイヤーを使い分けて作図している。図面を描く対象が何であれ、製図の基本は筆圧の違いでしかない。CADであっても作図では手描きの感覚を忘れずにいたい。

図面が上手い人は説明も上手い

他者に何かを説明しようというときに、説明が上手い人は、大きな声で言葉に抑揚をつけながら簡潔に要点を話すことができる。逆に説明が下手な人は、まわりくどく抑揚のない話し方になり、セリフを棒読みしているように聞こえる。どこがポイントなのかわからないので、話全体の輪郭もぼやけてしまう。

CAD図面は気を抜くと往々にして後者のようになりやすい。作図の基本は手描き図面にある。メリハリを付けて要点を押さえ、人に伝わる図面を心がけたい。

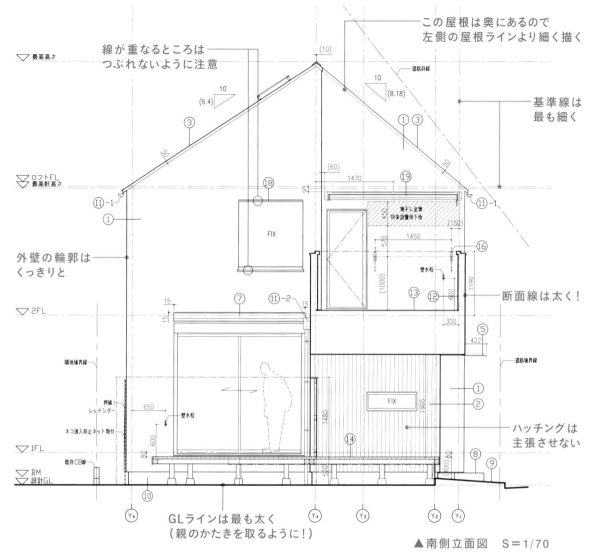

この屋根は奥にあるので
左側の屋根ラインより細く描く

線が重なるところは
つぶれないように注意

基準線は
最も細く

外壁の輪郭は
くっきりと

断面線は太く！

ハッチングは
主張させない

GLラインは最も太く
（親のかたきを取るように！）

▲南側立面図　S＝1/70

立面図だけを取り出しても、線の使い分けには様々な配慮が必要になる。一番手前にある輪郭線は太く、奥に見える輪郭はやや細く。基準線は見えるか見えないかのギリギリの細さで。CADはモニタ上で作図していると線のメリハリには意識が向かないので、出力するたびに修正を重ねて、図面を受け取る人が直感的に理解しやすい図面を心がける。

和紙のトレペに、Bの芯1本だけで線を描き分ける。当時愛用のホルダーはカランダッシュ。使い込むことで角が取れて手に馴染む。

作図する線の太さに応じて
10種類の線種を
使い分ける

CADの線種設定は、線の太さに応じて10種類のレイヤーを使い分ける。これは手描き図面で2H〜2Bくらいまでの芯を使い分けて描いている感覚に近い。

02 | 仕様書は最小限に

住宅には過剰な仕様書はいらない

建築の仕様書というものはどうも大げさに過ぎる気がする。仕様書というのは、設計図面の内容を補足したり、あるいは図面とは別の文脈で工事遂行上必要な内容や責任区分を網羅したりした、いわばルールブックみたいなものだ。

仕様書は世間に出回っている書式のものでも、建築関連団体が監修した「建築工事共通仕様書」や、フラット35などにも対応した「木造住宅工事仕様書」など複数あるが、どれも小さな字で埋め尽くされ、製本されたものだと数百ページにも及ぶ。これを余すところなく精読している設計者はどれだけいるのだろう。

必要な情報を絞る

なぜ共通の仕様書がそんな膨大な情報量になるかというと、住宅からオフィスビルまで多岐にわたる規模・種類の建築のスペックをすべてカバーしなければならないからだろう。

しかし設計対象をもし個人住宅などに限定するなら、その9割の情報はおそらく不要になるに違いない。いや、極論すれば仕様書などなくてもよいのかもしれない。ある程度優良な工務店に施工をお願いすることができれば、そこに書かれていることは、施工者にとっては当たり前のことばかりだからだ。

だから、リオタデザインの仕様書は4ページしかない。A3の見開きにすれば、わずか2ページだ。そこまで絞っても、書かれていることは相も変わらず、「約束を守ってね」とか「勝手なことしちゃだめだよ」とか、子どもに言い聞かせるようなことしかない。あくまで最低限の形式的なものを残しているだけで、実は全部なくしてしまっても誰も困らないのではないかというのが本音である。

住宅には特記事項しかない

ではなぜ我々がそれで問題なく建築工事が遂行できるのかというと、それは仕様書など見なくても問題が起こらないような図面にしてあるからだ。無駄に長い仕様書を作り、それを読み込むことに施工者の貴重な時間を使わせるくらいなら、一目ですべてが把握できるような図面にすべきである。

たとえば木工事に関連した特記仕様は、床伏図や軸組図に網羅されていれば見落とすことはない。コンクリートの仕様は基礎伏図に、という具合だ。

我々の仕事は、クライアントも設計条件も毎回異なる。そんななか、毎回同じ仕様で設計できることのほうが少ないのではないだろうか。

住宅の設計は、ほぼ特記事項しかない。これらを網羅した図面さえあれば、膨大な仕様書はもはや必要ないのではないかと思う。

一般的な仕様書。小さな字でこれでもかというくらい情報が詰め込まれているが、しかしそのほとんどは一般常識のようなもので、これをすべて精読する必要はない。仕様書は重要なところだけを抜き出して示したい。

	05	洗面所	2150	同上	スプルス 無塗装 H=40 チリ5mm
	06	浴室	2195	ハーフユニットバス(TOTO) type0(1600×1600)	なし
LF	01	ロフト	1300	構造用合板t24下地、 パーティクルボードt9 無塗装	スプルス 無塗装 H=40 チリ5mm

特記：・仕上表中に色番や品番の指定がある場合であっても，発注前に必ず監理者の確認・承認を受けること。
・OF塗装：グロスクリアオイル ウッドコート クリア／プラネットジャパン OO-OOOO-OOOO
・SF（ソープフィニッシュ）：ヴェネックス ※以上は事前に塗装打合わせを行う
・使用建材（下地合板、接着剤、塗料等含む）はすべてF☆☆☆☆等級以上とする。

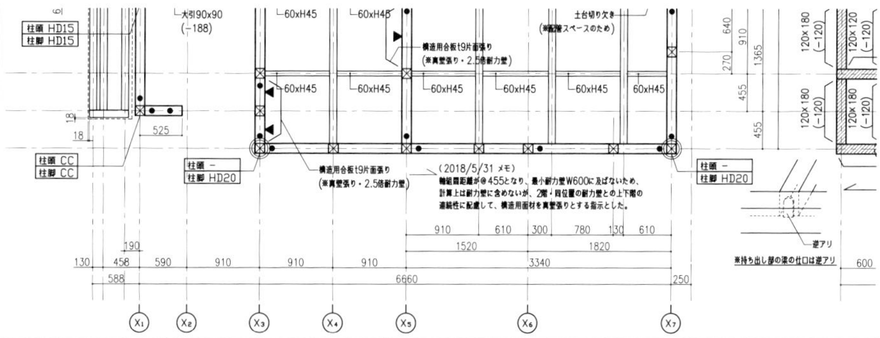

<特記事項>

○特記なき限り、主な使用木材は以下の通りとする。
・土台：ヒノキ(無等級)
・柱（一般部）：スギ
・化粧柱：ヒノキ(上小節)
・梁（一般部）：ベイマツ(E110以上)
・化粧梁：ベイマツ 特一等
(E110以上)(プレーナー仕上げ)
一部、ディメンションランバー
(ホワイトウッド 38×184 ノースタンプ)
・縁側テラス材(大引・束)：レッドシダー90×90

・大引、根太：スギまたはマツ 無等級 90×90鋼製束@910
・構造用面材
壁：ダイライトMSt9.0（周辺部N50@100,その他@200）
床：構造用合板t24 千鳥張り(N75@150)
2階床のみ・実付き構造用合板t24
(注：構造用合板あらわし部は天井仕上げ側を
プレーナー面とし、ノースタンプ処理を要する。(下記参照))
屋根・下屋：ダイライトMSt12（N50@150）

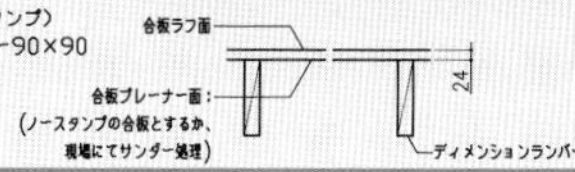

※等級はすべてF☆☆☆☆とする(プレーナー程度)
※柱・梁の含水率は20%以下とする
※特記なき柱・土台は原則として120×120とする
※特記なき梁は原則として120×120とする
※間柱は30×120
(合板ジョイント部は45×120)@455とする
※土台ならびに柱(H=土台+1000まで)
ならびに大引、根太には防蟻処理を行う
注）塗布箇所を目視確認できるよう着色料を混入すること
(エコボロンエース）／株式会社エコパウダー）
注)土台裏には上棟前にあらかじめ塗布しておくこと
※基礎上（土台下）は，通気パッキンt20敷きとする
一部、気密パッキンt20敷き(※基礎伏図参照)
※アンカー天端は、すべてフラット形状とする

<凡例>

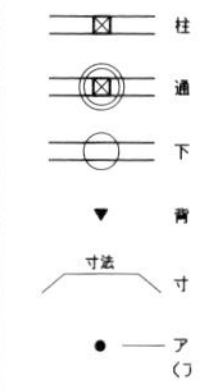

A 1階・2階床伏図
縮尺 1/50

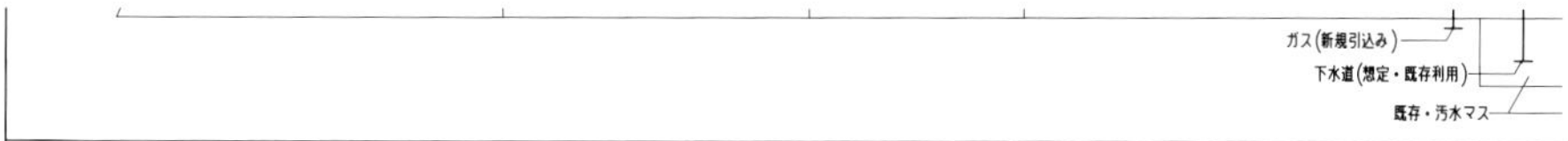

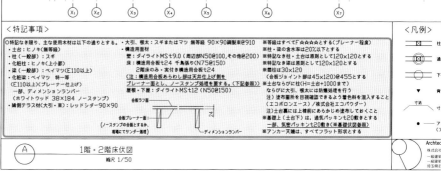

衛生設備 特記仕様

・凍結防止のため、配管類は所定の埋込深さを確保し
必要な断熱ラッキングを施すものとする。
・主管の排水勾配は1/100以上を確保する。
・ガス管は新規引込みとする。(本工事)
・量水器(20mm)は新規設置とする。
・最終マスは私道側の既存・汚水マスを利用する。
ただし、私道側の既存・汚水マスが利用可能かどうかは
再度、現地確認が必要です。
・給水管・下水道は既存利用とする。
・給排水・ガスは事前の計画により，基礎梁にスリーブを設け外部に接続する。
スリーブの後抜きは原則として禁止する。(右下記断面参照)
・汚水・雑排水は合流とし，敷地内新規最終マスに接続する。
・屋内の汚水・雑排水管には防音ラッキングを施すこと。
・雨水は敷地内で合流とし，下水道へ接続する。
・配管は原則として壁内隠蔽配管とする。
・ガスメーターは無線メーターを使用する。
・図面の配管ルートは略図であり，実際の配管は現場の納まりを考慮し
係員の承認を受けること。

メーカー連絡先

デュラビットジャパン株式会社
OO OO(OOOO OOO)
電話：OO-OOOO-OOOO
メール：OO.OOOOO@OOOO.OOOO.com

<衛生設備機器リスト>

<ガス給湯器>
ガス給湯器 フルオート24号（屋外壁掛型・エコジョーズ）
GT-C2452AWX-2 BL（マイクロバブルなし）
(RC-D101PE マルチセット・インターホン付)
配管カバー：H32-K(450)
排気カバー：C107(上吹き)／以上、ノーリツ

<1F・キッチン >
・IHクッキングヒーター：Wシリーズ KZ-W173S
(W750・2口IH+1口ラジエントヒーター・シルバー)
・ビルトイン電気オーブンレンジ：NE-DB901W(シルバー)／パナソ
・食洗機：NP-45MD7S(6人用・シルバー)／パナソニック
ドアパネル：ナラ柾・練付合板t4はめこみ OF
・キッチン水栓：SF-E546SY(eモダン・Lタイプ・エコハンドル
・浄水水栓：721-010／カクダイ
・浄水カートリッジ：TK302B2／TOTO

<2F・洗面室>
・洗面器：2354600041(Dura Square)
・洗面器水栓：C110200020(C.1・シングルレバー混合栓)
・流し用排水金具：433-129(ボトルトラップユニット・樹脂製)
／以上、すべてデュラビット
(※注：見積り・発注の際はデュラビットジャパン・OO氏にご連絡下
・洗濯機パン（740サイズ）：PF-7464AC/L11/LIXIL
・洗濯機パン用トラップ：TP-51/LIXIL 程度
・洗濯水栓（単水栓・H=1250）：LF-WJ50KQ/LIXIL
・ガスコンセント(H=1250)：埋込一口タイプ(色：アイボリー)
／東京ガス 程度

図面の各部に散らした最小限の特記仕様。これだけ守ってくれれば、品質の担保と設計側の意図は実現できるというラインを示している。それ以上の細則は、原則は施工者の経験値を尊重し、現場での良心的配慮に委ねる。もちろん、一方で現場でも確認を重ねることは言うまでもない。

第一章　　共通仕様書

第一節　　一般共通事項

1.1.1　**適用の範囲**　　本共通仕様書は本工事範囲のみに適用し、別途工事に対して適用しないものとする。

1.1.2　**仕様書**　　本工事の施工は、特記仕様書並びにリオタデザインの定める共通仕様書（以下、共通仕様書という）、日本建築学会建築工事標準仕様書　建設大臣官房官庁営繕部　電気設備工事共通仕様書並びに機械設備工事共通仕様書によるものとし、設計図書の内容等に相違のある場合は以下の優先順位により施工内容に応じて適用するものとする。

    1. 現場説明事項（質疑応答書を含む）
    2. 特記仕様書（構造特記の優先順位は、本特記仕様、構造設計図特記仕様の順とする）
    3. 設計図（設計図の優先順位は仕上表、詳細図、一般図の順とする）
    4. 共通仕様書
    5. 日本建築学会建築工事標準仕様書、　国土交通大臣官房官庁営繕部　電気設備工事共通仕様書並びに機械設備工事共通仕様書
    6. 公共規格

1.1.3　**工事範囲**　　本工事範囲は設計図に表記する。なお、設計図書（設計図、特記仕様書、共通仕様書）の設計趣旨（性能・機能）を遂行するために必要な全ての工事は本工事に含むものとする。

1.1.4　**別途工事**　　別途工事は添付別表「別途工事一欄表」に記載する。なお別途工事については、その工事範囲をよく把握し、工程、施工法、および本工事との取り合いに関し、必要な協議・協力をするものとし工事の円滑な進捗をはかる。

1.1.5　**軽微な変更**　　現場の納まり、取り合わせ等の関係で材料の取付位置又は取付方法を多少変更する場合、また建築主の希望により内部造作の棚等の形状、段数等軽微な変更を行う場合であっても、本工事契約金額内で施工・完成するものとする。

1.1.6　**請負代金の変更**　　請負者は請負契約を結んだのち、工事費内訳明細に誤記、違算または脱漏などがあっても、そのために請負代金を変えてはならない。ただし、注文者の希望等により、追加工事または設計仕様が変更された場合は、事前にかかる差額について見積書を提出し、承認を受けるものとする。なおその際の積算にあたっては、契約本工事見積書の工事明細単価と相応の単価を採用するものとする。

1.1.7　**保険契約**　　請負者は工事目的物及び使用材料に対し、工事着手の日より竣工後１５日間までの期間、支払高に相当する額の火災保険を付し工事出来高の請求の場合はその都度、火災保険証正本写しを提出すること。労務者災害扶助法に関する保険も請負者の負担に於いて付すものとする。

1.1.8　**式典経費**　　起工式、上棟式、竣工式等の式典の有無は建築主と協議の上別に定める。実費費用は建築主の負担とする。

1.1.9　**使用料金の負担**　　本引込みより建物引渡しまでの期間、電気、水道、ガス等の使用料金は請負者の負担とする。

1.1.10　**契約工期の遵守**　　本工事にあたって請負者は最大の努力をもって契約工期内に完成させなければならない。

リオタデザインの仕様書。元の内容は前職の事務所で使用していた内容を自分なりにアレンジして、住宅用の簡易版としている。これでもいろいろ細かいことが書かれているが、実際には工務店にこの内容を強いることはほとんどない。報告書類を律儀に提出させるよりも、現場での確認や、職人への丁寧な指示に多くの時間を割いてもらいたいからだ。

3

第二節　工事監理

1.2.1　**工事現場監理**

1. 現場総責任者及び各工事担当者は、本工事の全ての関係者に協力し、関係各法規に従い、遺漏無く工事現場の監理を行う。

2. 工事現場に於いては、関係者全員が事故防止に努め、常に場内の整理、清掃を行う。特に汚染又は損傷の恐れのある材料及び既成部分や隣家施設には充分な養生を行う。工事上発生した解体材その他の発生材はすみやかに適当な方法で処分する。

1.2.2　**災害防止**　　現場責任者は場内における風紀、衛生、火災、盗難等の事故防止に努めること。万一事故の発生が生じた場合は、請負者の責任において遺漏なく処理を行うこと。

1.2.3　**係員の指示**　　係員との連絡は、できるだけ文書をもってする。打合せ決定事項は文書にて係員の認印または署名を受けるものとする。原則として認印のない指示事項は無効とする。

1.2.4　**設計変更**　　工事の施工にあたっては、すべて契約時の図書に従って行うことを原則とするが、建築主の希望により、又は工事施工上やむを得ない事情により当該工事に関わる図面、仕様等の変更を行う場合は、当該変更部分の変更設計図書、変更に伴う工事費増減見積書を提出し、建築主、設計事務所、請負者、三者の承認の後に当該部分の施工を行うものとする。

1.2.5　**定例打合せ会議**　　工事の円滑な進捗をはかるため、下記の要領で定例打合せ会議を行う。

1. **開催**　　週一回程度　工事進捗により、その都度定める

2. **出席者**　　現場総責任者および各担当者、リオタデザイン係員、その他必要に応じて建築主及びその代理人、別途工事責任者、下請関係者、材料製造業者等

3. **打合せ内容**　　工事工程、工法、変更事項等工事に必要な事項の検討及び確認と決定

4. **記録**　　打合せ議事録は現場責任者が作成し、出席者の承認を得て関係者に配布する

1.2.6　**協力業者・指定業者**　　工事施工者は本工事の着工に先立ち、使用する機器、材料業者、施工者等に関し建築主及び係員の承認を得ること。また指定業者は本特記仕様書によるが、やむを得ず他の業者、施工業者を使用する場合は同等以上とする。

第三節　施工計画

1.3.1　**施工計画書**　　工事施工者は各工事着工に先立ち、重要項目には各工事の施工方法、使用材、人員等、施工計画書を提出し、係員の承認を受ける。

1.3.2　**工事工程表**　　工事着手に先立ち、下記工程表を提出し係員の承認を受ける。以下、やむをえない理由で工程の変更を行いたい場合、あらかじめ他関連工事との調整をはかった後、その内容と理由を係員に申し出て承認を得る。

1. **総合工程表**　　（全工事着手前に提出）全工事期間の工程計画を把握できるもの。

2. **月間工程表**　　各月の工程を調整した詳細工程表（各月末までに翌月の工程を提出する）

3. **各工事詳細工程表**　　各工事毎に詳細な工程（必要ある場合）

1.3.3　**施工図**　　工事施工者は施工方法を設計図書に従い、充分に検討の上各工事着手前に施工図を作成し、係員の承認を受ける。

1.3.4　**工事写真**　　請負者は下記要領によって工事写真を撮影し係員に提出する。

- 撮影要領…各工事工程写真　特に仕上げ工事前の下地写真、材料の種別（F☆☆☆☆）、および埋設隠蔽前の配管
- 提出要領…アルバム作成（1部）または，デジタルデータをCD-Rに焼いて提出.

1.3.5　**工事報告および記録**　　工事請負者は、下記要領に従い報告書および記録書を係員に提出する。

名　　称	内　　容	提 出 期 限	部　数
月間工事報告書	前月工事概要、（工事写真付）工事出来高、資材製作搬入状態、天候、次月工事予定など	翌月３日まで	1部
定例打合せ議事録	議事内容を出席者の承認を受けて発行する	次週まで	1部
日　　誌	工事記録一式	係員の要求のある場合	
各種試験検査結果報告書	構造強度耐久性、耐候性等に関するもの	速やかに	2部

第四節　　検査及び試験

1.4.1　**中間検査**　工事中、下記の工程に達した時は原則として係員の中間検査を受ける。

- ・　地縄張り
- ・　根伐り完了時
- ・　鉄筋完了時　（配筋検査）
- ・　基礎コンクリート打設時　（スランプコーン試験他）
- ・　建方完了時　（各節）
- ・　内装下地完了時　（内装仕上げ直前）
- ・　各隠蔽配管、下地組、断熱材施工時

1.4.2　**立会検査**　施工後検査が不可能または困難な工事項目については、係員の立会検査を要する。また必要に応じて工事記録写真を撮影しておく。なお係員の検査を受けずに施工し、確認のため隠蔽部分の取り壊しを求められた場合、工事請負者はこれに従い、不備な点があれば改善の上その部分の修復を行わなければならない。

1.4.3　**材料検査**　材料は係員の検査に合格したものでなければ使用してはならない。検査の方法は係員の指示に従う。不合格品は直ちに返品もしくは場外に搬出する。

1.4.4　**竣工前検査　（設計検査）**　竣工２週間以前に残工事リストおよび残工事工程表を係員に提出する。係員は、その書類に従い竣工前検査を行い、最終残工事を確認する。

1.4.5　**行政検査**　行政／民間検査機関による完了検査ならびに中間検査は適宜時期をはずさぬよう、係員に申し出て検査を受ける。

1.4.6　**竣工検査　（施主検査）**　上記２項目の検査および各指摘事項が完了した後、工事担当者ならびに係員の立ち会いのもと、建築主による竣工検査を行い、その承認をもって工事竣工とする。

1.4.7　**引渡し**　引渡しは引渡し書および同受取書の交換により行い、建築主に鍵を引き渡す。上水、ガス、電気その他都市供給施設に必要な計量器の検針を建築主、係員立会のもとに行い、建築主・請負者相互に確認し最終支払い時に精算する。

5

第五節　竣工引渡し

1.5.1 　**提出書類**　引渡し時の提出書類は下記のものとする。

　　　1.　引渡し書、同受領書

　　　2.　鍵リスト

　　　3.　官公署および公共供給処理事業会社へ提出した許認可証および契約書類等の本書または控・写しをとり
　　　　　まとめたもの。

　　　4.　各種検針計量値

　　　5.　各種保険満了日時

　　　6.　年限保証がある部分に関する保証書（防水など）

　　　7.　非常時連絡先一覧表

　　　8.　主要機材納入業者一覧表（メーカー、代理店、各担当者および電話番号）

　　　9.　備品リスト

　　　10.　確認申請書副本　（施工中預かり，保管している場合）

1.5.2 　**竣工図書**　竣工後、おおむね1ヶ月以内に下記図書類を提出し係員の承認を得ること。

　　　a.　工事写真（1.3.4による）

　　　b.　工事中の重要記録または報告書（必要のある場合）

　　　・　精度誤差等の補強に関するもの

　　　・　鉄骨、コンクリート等構造強度・精度に関わる報告書類

〔別表－1〕　別途工事一覧表

番号	別途項目	備考
1	移動家具（ダイニング・ソファ他）	
2	電話・通信機器取付け	電話会社側工事
3	植栽工事	ただし図面明記の外構工事は本工事とする
4	表札	
5	カーテン・ロールスクリーン取付け	
6	式典費用	実費精算とする
7	電柱移設工事	

03 | 図面情報は
バイプレイヤーで決まる

図面はバイプレイヤーが代弁してくれる

映画やテレビドラマの世界では、強い個性を放ちながらも、主役の演技を引き立て、決して主役以上のインパクトは残さないプロの脇役というのがいる。いわゆるバイプレイヤーというやつだ。

1枚の図面の中における主役は何かと考えると、言うまでもなく「線情報」だろう。平面図なら壁面や建具の線であり、立面図なら建物の輪郭や窓の位置などを表現した線ということになる。

しかし役者の一人芝居はよほどの巧者でない限り場が持たないように、図面の線情報もそのままではあまりに寡黙すぎて、相手に主旨が伝わりにくい。

そこで必要になってくるのが図面におけるバイプレイヤーの存在だ。具体的には、それは寸法線や文字情報、基準線やハッチングなどであるが、彼らは寡黙な主役に代わって、図面の主旨やニュアンスを巧みに説明してくれる。

特に寸法や文字情報の持つインパクトは絶大で、それが視覚情報として取り込まれた途端、脳内では抽象的な線情報が具体的な指示内容へと変換され、相手に正しく情報が伝達されることになる。

キャスティングはあなたの腕次第

ただそんなバイプレイヤーにも困った側面がある。それはキャスティングする監督（あなた）の腕が如実に反映されてしまうということだ。

その図面で何を表現すべきか、何を伝えようとしているのかがわかっていれば、そのキャスティングは的を射たものになる。適切な説明情報をほどよく図面に配置することで、それぞれが抑制の利いた仕事をしてくれる。

ところが使い方を誤ると、バイプレイヤーたちは自分が主役であるかのように振る舞いはじめる。か

と思いきや、求められた役をこなせず、大根役者に成り下がることもある。無意味な寸法や、線にかぶった文字、意味不明な記述など、配慮に欠けた表記がかえって現場の足を引っ張ってしまうこともあるのだ。

図面情報は多ければ多い方が良い

図面情報は少ない方が良いと言う人がたまにいる。確かに、情報が少なければ早く描けて、図面上の交通整理も容易になる。工務店による見積りまで安く上がるとすら思っている人もいるようだ。

図面情報は多いに越したことはない。いや、多くなくてはいけないのだ。設計者は常に現場に張り付いているわけではない。現場の監督や職人さんたちが目を皿にして情報を読み取ろうとしているのは、設計者が描いた図面なのだ。その姿を思い浮かべたら、情報の不足した不誠実な図面は描けないはずだ。

奥行きのある二次元情報を

溢れんばかりの情報を図面中に網羅しつつ、それらを上手く交通整理して、見やすい図面を心がける。そのためには作図にも技術が必要だ。

図面という抽象的な二次元情報でも、リアルで奥行きのある世界は作れる。三次元の建築を正確に作るためには、正確な図面情報は不可欠なのである。

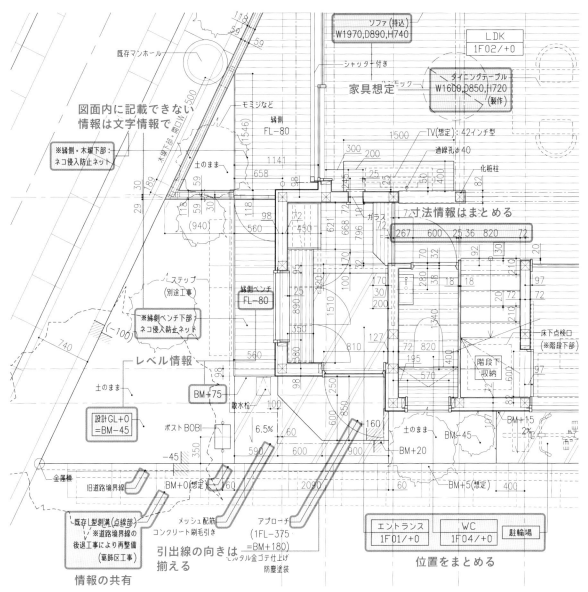

情報の共有

図面内に記載できない
情報は文字情報で

※縁側・木塀下部:
ネコ侵入防止ネット

ソファ(持込)
W1970,D890,H740

シャッター付き

ハンモック

家具想定

タイニングテーブル
W1600,D850,H720
(製作)

LDK
1F02/+0

既存マンホール

モミジなど

縁側
FL-80

TV(想定):42インチ型

通線孔φ40

化粧柱

土のまま

寸法情報はまとめる

ガラス

レベル情報

ステップ
(別途工事)

縁側ベンチ
FL-80

※縁側ベンチ下部
ネコ侵入防止ネット

床下点検口
(※階段下部)

土のまま

階段下
収納

BM+75

土のまま

設計GL+0
=BM-45

散水栓

ポストBOBI

6.5%

BM-45

BM+15
2%

BM+20

BM+0(想定)

BM+5(想定)

金属樋

旧道路境界線

既存L型側溝(点線部)
※道路境界線の
後退工事により再整備
(葛飾区工事)

メッシュ配筋
コンクリート刷毛引き

アプローチ
(1FL-375
=BM+180)

モルタル金ゴテ仕上げ
防塵塗装

引出線の向きは
揃える

エントランス
1F01/+0

WC
1F04/+0

駐輪場

位置をまとめる

▲1階平面図　S＝1/50

図面の中になにげなく描かれている寸法や文字情
報、補足的な線情報にはそれぞれの役割がある。
設計者にとっては取るに足らないと思っているよ
うな細かい情報であっても、図面を受け取った第
三者にとっては重要なヒントになることがある。

また情報が多くなってくると、それらを整理して
記載することも必要だ。その際には、引出線の角
度や向き、文字の頭を揃えるなどしてレイアウト
を整頓すると、情報の氾濫が抑えられる。とにか
く、設計者が伝えるべき情報はすべて網羅してお
けば、現場に入ってもすべての関係者で共有する
ことができる。

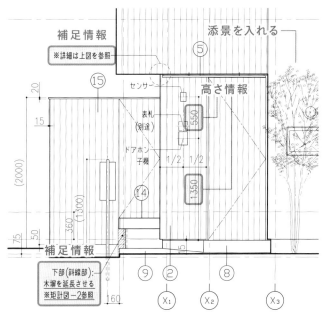

補足情報

添景を入れる

※詳細は上図を参照

センサー

高さ情報

表札
(別途)

ドアホン
子機

下部(斜線部):
木塀を延長させる
※矩計図-2参照

補足情報

立面図　S＝1/50▶

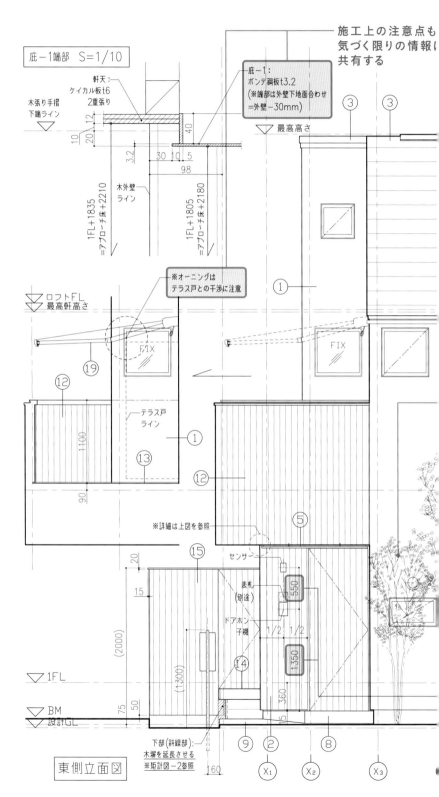

施工上の注意点も
気づく限りの情報は
共有する

庇−1端部　S=1/10

軒天：
ケイカル板t6
2重張り

木張り手摺
下端ライン

庇−1：
ボンデ鋼板t3.2
（※端部は外壁下地面合わせ
=外壁−30mm）

最高高さ

木外壁
ライン

1FL+1835
=アプローチ床+2210

1FL+1805
=アプローチ床+2180

※オーニングは
テラス戸との干渉に注意

ロフトFL
最高軒高さ

FIX

FIX

テラス戸
ライン

※詳細は上図を参照

センサー

表札
（別途）

ドアホン
子機

1FL

BM
設計GL

下部（斜線部）：
木塀を延長させる
※矩計図−2参照

東側立面図

立面図は主に外壁などの仕上げ情報を記載
したり、建物のプロポーションなどを確認
したりするための図面である。平面図や断
面図にも表記できない寸法や文字の情報が
ある場合は、網羅して記載するよう心がけ
たい。
また関連する部位の詳細情報なども入れて
おくと、現場でも関連付けて確認を行いや
すい。

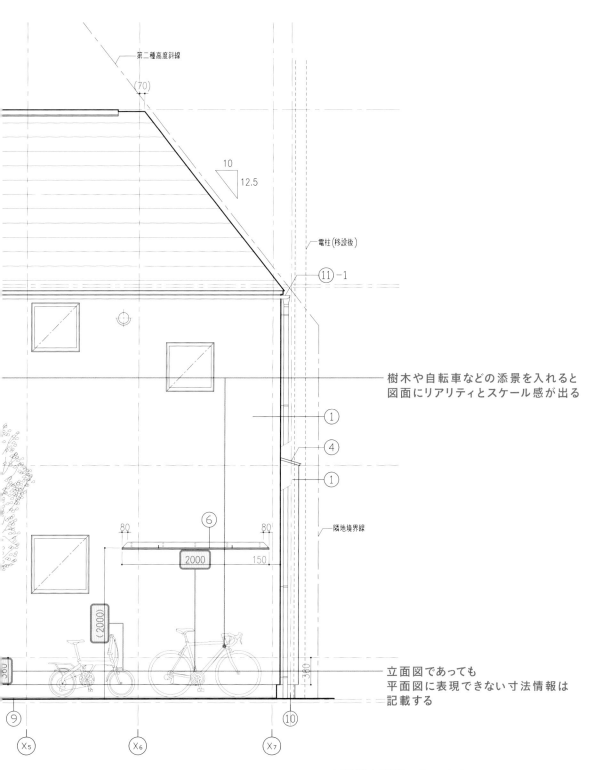

第二種高度斜線

(70)

10
12.5

電柱(移設後)

⑪-1

樹木や自転車などの添景を入れると
図面にリアリティとスケール感が出る

①

④

①

隣地境界線

80   80

⑥

2000   150

〈2000〉

立面図であっても
平面図に表現できない寸法情報は
記載する

⑨   ⑩

(X₅)   (X₆)   (X₇)

▲東側立面図　S＝1/50

04 | 読み手の読み方を想像する

設計者は編集長

かつて知識や情報は、新聞や書籍などの紙媒体から得るほかなかった。それが今ではスマートフォンやタブレットから検索するだけで、ピンポイントで知りたい情報にアクセスできるようになった。

こうした端末の良いところは、表示したページや画像などを、さらに画面上で指を使ってピンチアウト（拡大）したりピンチイン（縮小）したりすることで、情報のスケールの横断をその場で直感的にできる点にある。そうしたある種の「編集」を自ら行えるのが、紙媒体に勝る特長だ。

一方、印刷（プリントアウト）された状態で相手の手に渡る意味で、図面は書籍に近い。著者（設計者）は自らその「編集長」を兼任し、相手に意図をわかりやすく伝えるために、構成やレイアウトを十分に検討しなくてはならない。

図面情報をまたがせない

そのために重要なのは、やはり情報を整理することだろう。我々が心がけているのは、なるべく図面の関連情報を別の図面にまたがせないということである。

たとえば枠廻りなどより詳しく伝えたい部分の情報は、一般図とは別に詳細図として描かれることも多い。しかしそれでは、1つのモノを作るのに縮尺の異なる複数の図面を確認しなくてはならず、これが現場での図面の見落としにつながりやすい。図面が何枚もあるよりも、なるべく1枚の図面に情報が集約されていた方が、作業しやすく、間違いも起こりにくい。

図面の勘所はヒントの提示

図面情報をまたがせない理由はもう1つある。図面に求められているのは、詰まるところ"答え"ではなく、あくまで手がかりとなる"ヒント"である、ということだ。

図面を分けて詳細を描くよりも、同一図面に要となる情報さえ要領良く描いておけば、現場はそこから設計者の考えを読み取ることができる。もしそれより先の細かいニュアンスの話が必要であれば、現場ですればいいのだ。

図面は綿密に描きつつも、枚数はいたずらに増やさず、要領良くまとまった図面を心がけたい。

ピンチアウト／ピンチイン／リンク

そこで出てくるのが、先のピンチアウト／ピンチインの発想である。まずは全体像を描き、そのうえで部分的な詳細はなるべく同じ図面の中にレイアウトしてゆく。スマホの画面を指で拡大（ピンチアウト）するイメージで傍らに配置すれば、異なる縮尺情報も1つにまとまる。

また、多くの職種が入り交じる建築現場では、設備業者は設備図しか見ないという具合に、各業者が縦割りで作業するケースも発生しやすい。そこで、参照してもらいたい図面の目印（「○○図参照」など）を記し、図面同士の関連に注意を促すことも有効だ。ちょうど、インターネット上で特定の文字列をクリックすると別のページにジャンプする「ハイパーリンク」を図面に取り入れるイメージである。

現場で仕事をしているのは職人さんである。その職人さんたちにとって、図面がどういう状態になっていれば作業がしやすく、手戻りが少ないかという点に想像力を働かせ、図面を描くべきだろう。

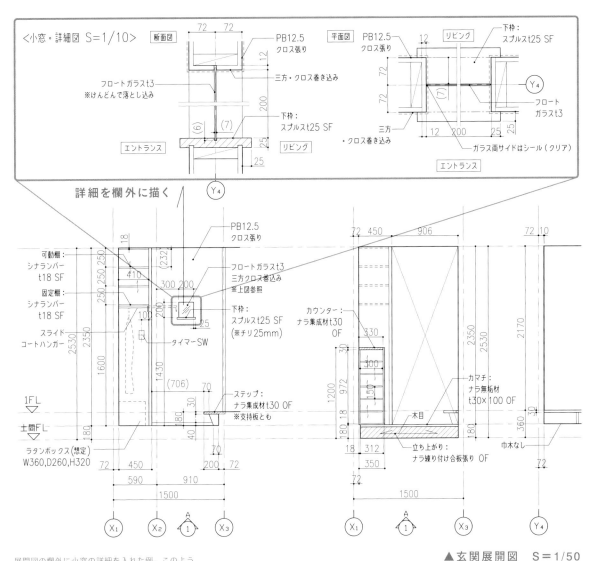

<小窓・詳細図 S=1/10>

断面図

72　72

PB12.5
クロス張り

三方・クロス巻き込み

フロートガラスt3
※けんどんで落とし込み

下枠：
スプルスt25 SF

エントランス　リビング

平面図

PB12.5
クロス張り

12

リビング

下枠：
スプルスt25 SF

フロート
ガラスt3

三方
・クロス巻き込み

12　200　25

ガラス両サイドはシール（クリア）

エントランス

詳細を欄外に描く

PB12.5
クロス張り

可動棚：
シナランバー
t18 SF

固定棚：
シナランバー
t18 SF

スライド
コートハンガー

フロートガラスt3
三方クロス巻込み
※上図参照

下枠：
スプルスt25 SF
（※チリ25mm）

タイマーSW

ステップ：
ナラ集成材t30 OF
※支持板とも

1FL

土間FL

ラタンボックス（想定）
W360,D260,H320

カウンター：
ナラ集成材t30
OF

カマチ：
ナラ無垢材
t30×100 OF

木目

立ち上がり：
ナラ練り付け合板張り OF

巾木なし

▲ 玄関展開図　S＝1/50

展開図の欄外に小窓の詳細を入れた例。このように
ちょっとした納まりを描く際には、あとで詳細
図を別に描こうという具合に、問題を先送りせず
に同じ作図の流れで作図し、図面を分けずに描
く。細部をスワイプして詳細を示すような、直感
的で一体的な表現が可能になる。

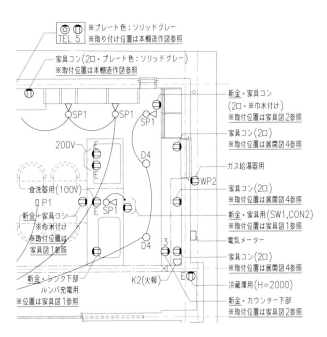

※プレート色：ソリッドグレー
※取り付け位置は本棚造作図参照

家具コン（2口・プレート色：ソリッドグレー）
※取付位置は本棚造作図参照

新金・家具コン
（2口・※巾木付け）
※取付位置は家具図2参照

家具コン（2口）
※取付位置は展開図4参照

ガス給湯器用

家具コン（2口）
※取付位置は展開図4参照

新金・家具用（SW1,CON2）
※取付位置は家具図1参照

電気メーター

家具コン（2口）
※取付位置は展開図4参照

冷蔵庫用（H=2000）

新金・カウンター下部
※取付位置は家具図2参照

200V

食洗器用（100V）

新金・家具コン
※巾木付け
※取付位置は
家具図1参照

新金・シンク下部
ルンバ充電用
※位置は家具図1参照

K2（火報）

電気設備図のコンセント位置を示した例。プロッ
トはあくまで平面的なものだが、その取り付け位
置の詳細がわかる別図面がある場合は、参照先
（リンク）を示すと、齟齬が起きにくい。

電気設備図▶

05 | ミスを前提にした描きかた

ミスは「伝達不足」と「思い込み」から

　人はミスをする生き物である。どんなに完璧な図面を描いても、現場でミスは必ず起こる。そもそも「完璧な図面を描いても」という仮定が間違っている。完璧な図面など存在しないのだ。なぜなら、作図する私たちがそもそも完璧な人間ではないからである。

　ではミスはなぜ起こるか。経験上、その8割はコミュニケーション不足からである。

　まず1つが情報の「伝達不足」。すなわち、設計者だけがわかっていて、現場はわかっていないという状態によるものである。

　図面とは、設計者が頭の中にある無数の情報を、時間をかけて整理し、アウトプットしたものだ。

　しかし往々にして、このアウトプットのプロセスで、本来伝達すべき情報のいくつかが抜け落ちてしまう。頭ではわかっていても、それが相手に伝わる情報として図面に表現されていなければ、それを受け取った人は、あなたの「無言の言葉」を聞くことはないだろう。設計意図と違うと現場で怒り出す“逆ギレ設計者”はこうして生まれる。とにかくこういう人は現場から嫌われるので気をつけよう。

　そしてもう1つが「思い込み」。

　自分の限られた経験だけで、きっとこう施工するのだろうと思い込んで作図してしまう。あるいは経験のなさからどう施工するかわからず、あるいは考えもせずに描いてしまう。しかし、愚直な現場は、設計者の描いた図面が未熟でも、そのまま正確に作ろうとしてしまうのだ。彼らにとって図面は唯一無二の指示書であり、その通り施工しなければ、あとでやり直しを命じられても文句は言えないからだ。

設計者は常に悲観的でなくてはならない

　かくして、完璧ではない設計者が描く図面から、不完全な施工が生まれる。両者に横たわる溝は深刻だ。この溝を少しでも埋めたい。そのために必要なのが、コミュニケーションなのである。

　設計者にとってのコミュニケーションツールは口ではなく、あくまで図面だ。図面は設計者の代理人のようなものであり、設計者が不在であっても、変わらず正しいメッセージを発し続けてくれるものでなくてはならない。

　現場で悔しい思いを何度もしている設計者なら、1つのミスが引き起こす事態の怖さを、身をもって知っていることだろう。あんな思いは二度としたくないと思えば、図面に細かい注意書きを添えることなどわけないことだ。未熟な図面が引き起こす身の毛もよだつ怖い顛末を知らない、経験の浅い設計者こそ注意したい。

　設計者は、自分が知らないということについて常に謙虚でなくてはならない。「わかりません」と言うことは、知ったかぶりをするより100倍もまともな設計態度なのである。

　設計者の作図の際の心得は、とにかく「この図面からどういうミスが生まれるか」を悲観的に想像することにある。その最悪の結果を頭に想像できれば、時を戻して、それを防ぐためにどんな一言を添えておくべきかがわかるはずだ。

手摺り部詳細

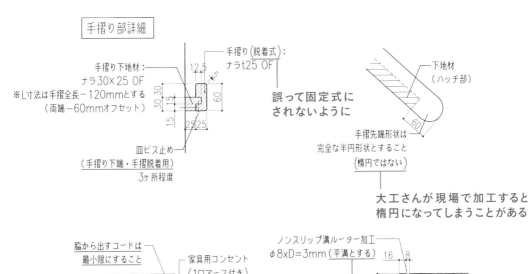

手摺り下地材：
ナラ 30×25 OF
※L寸法は手摺全長－120mmとする
（両端－60mmオフセット）

手摺り（脱着式）：
ナラt25 OF

12.5
30.30
15
15
25.25
60

皿ビス止め
（手摺り下端・手摺脱着用）
3ヶ所程度

**誤って固定式に
されないように**

下地材
（ハッチ部）

60

手摺先端形状は
完全な半円形状とすること
（楕円ではない）

**大工さんが現場で加工すると
楕円になってしまうことがある**

脇から出すコードは
最小限にすること

家具用コンセント
（1口アース付き）

エアコン

54
58

**寸法がずれると
エアコンがずれる**

スリーブφ65
※ダイキン社製の場合

50
80

ノンスリップ溝ルーター加工
φ8×D＝3mm（平溝とする）

16 8
30
20

**過去に丸溝に
されたことあり**

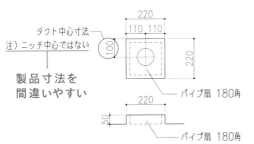

ダクト中心寸法
注）ニッチ中心ではない

220
110 110
100
220

**製品寸法を
間違いやすい**

パイプ扇 180角

220
50

パイプ扇 180角

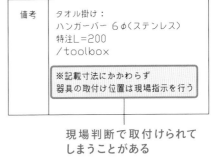

備考	タオル掛け： ハンガーバー 6φ（ステンレス） 特注L＝200 /toolbox
	※記載寸法にかかわらず 器具の取付け位置は現場指示を行う

**現場判断で取付けられて
しまうことがある**

これまで現場とのやりとりで失敗した〝あるあ
る〟が網羅された図面記載例。その一言がなかっ
たために、あるいは我々の無知のために間違った
形で施工されてしまったことが何度もある。先回
りして防ぐ工夫をしたい。

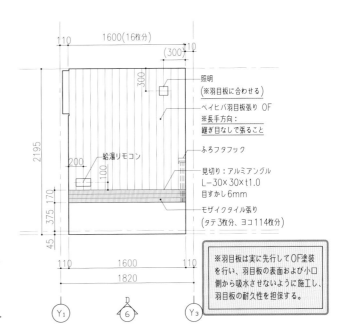

照明
（※羽目板に合わせる）

ベイヒバ羽目板張り OF
※長手方向：
継ぎ目なしで張ること

ふろフタフック

見切り：アルミアングル
L－30×30×t1.0
目すかし6mm

モザイクタイル張り
（タテ3枚分、ヨコ114枚分）

給湯リモコン

110 1600(16枚分) 10
(300)
300
2195
200
100
170
375
45
110 1600 110
1820

※羽目板は実に先行してOF塗装
を行い、羽目板の表面および小口
側から吸水させないように施工し、
羽目板の耐久性を担保する。

浴室回りも現場で毎回伝える内容は先に書いてお
くほか、施工上の注意点や主旨を書き、共有でき
るようにする。

展開図　S＝1/50▶

Y1 D 6 Y3

06 | ダブルチェックで
ミスを見逃さない

隣のミスはよく気づく

隣の芝は青く見えると言うが、隣のミスもまたよく気づくものである。自分の描いた図面は何度も見直して完璧だと思うのに、それを人に見せると、たちどころに何ヶ所も不具合や不整合を指摘されてしまう。

図面に向かう時は常に客観的な目線を心がけているつもりでも、やっぱりそこは人間。限界がある。所詮、人は「自分は正しい」という思い込みから逃れることはできないのかもしれない。

そこで必要になるのが、他人によるダブルチェックである。スタッフを雇っている事務所なら、それは所長や番頭の役目となり、1人で事務所をやっている人なら、それは現場監督などに担ってもらうことになるだろう。逆に現場の描いた施工図は設計者がチェックしなくてはならない。

ここではそんな図面チェックにおける心得について触れておきたい。

対話によるチェック

リオタデザインでは、スタッフの描いた図面は当事者と対面して私がその場で赤を入れることにしている。よく描けた図面は、情報が整理されており内容がすっと頭に入ってくる。しかし混乱した図面は作図者の頭の中の状態そのものであり、何度見ても内容が入ってこないことが多い。これがそのまま現場に渡れば、大きな問題にも発展しかねない。

そこで、その場でスタッフに作図意図を問いながら、絡まった糸をほぐすように情報を整理してゆく。すぐに解決につながることばかりではなくとも、膝を打つようなアイデアは対話によって生まれることがほとんどだ。

ただしこれは、数時間に及ぶ時間とエネルギーを使う作業であることも確かだ。終わったときには私もヘトヘトになっている。

黄色と赤を使った仕分けチェック

施工会社から送られてくる施工図などのチェックは、作図した当事者が目の前にいないので、その意図や要となる点をより注意深く拾ってゆかなくてはならない。

このときに使うのは、黄色の色鉛筆と、赤のフリクションペンである。まず図面に目を走らせながら、寸法や文字が正しければ黄色でなぞってゆく。修正は赤で行う。全ての図面情報が黄色と赤の線で埋め尽くされるまでこれを行う。

黄色い線を引く意味は、見落としを防ぐためである。黄色は色が主張しないので、チェックが増えても図面が見づらくなることがない。

このようにして図面情報を黄色と赤に仕分けることで、「悩む必要のないもの」と「いくつか可能性に幅があるもの」に仕分けすることができ、検討にかける時間を最小限にすることができる。

最後は現場で

しかし言うまでもなく、建築は図面だけでできあがるものではない。現場でも施工状況を逐一確認する必要がある。図面を承認したとしても、図面通りに施工されるとは限らないからだ。

穴が開くほど眺めて図面を頭に入れていれば、現場での違和感やミスにも直感的に気づけるようになる。建築は仕上がってしまってからでは手遅れになることも多い。仕上がるまで気を抜かず、何度も確認を重ねてミスを回避したい。

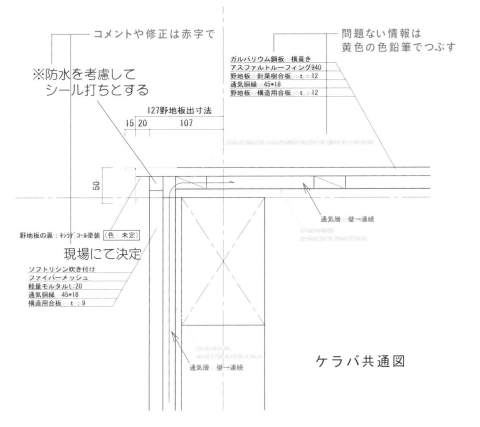

コメントや修正は赤字で

問題ない情報は
黄色の色鉛筆でつぶす

ガルバリウム鋼板　横葺き
アスファルトルーフィング940
野地板：針葉樹合板　t：12
通気胴縁　45*18
野地板　構造用合板　t：12

※防水を考慮して
　シール打ちとする

127野地板出寸法

15　20　　107

50

通気層：壁→連続

野地板の裏：キシラデコール塗装　[色：未定]

現場にて決定

ソフトリシン吹き付け
ファイバーメッシュ
軽量モルタルt：20
通気胴縁　45*18
構造用合板　t：9

ケラバ共通図

通気層：壁→連続

現場からの施工図面チェックの一例。正しい情報
には黄色の色鉛筆でチェックし、コメントや修正
事項には赤を入れている。

施工図の確認打合せ。プレカット図の承認など、製作が絡む打合せ
の際には、製作を担当する業者と現場監督などが同席の上で打合せ
が組まれる。単に図面のやりとりだけでなく、こうして対面で確認
を行うことでコミュニケーションの齟齬を回避することができる。

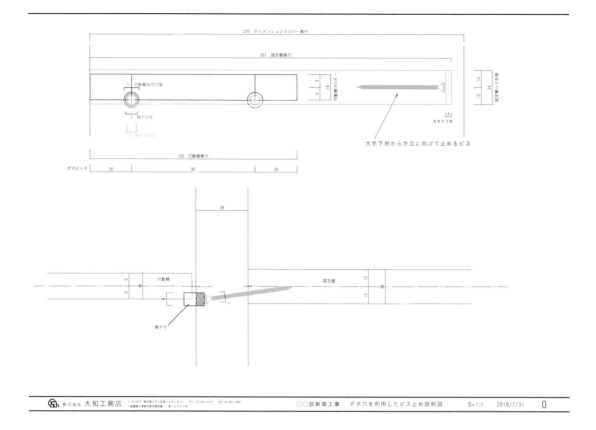

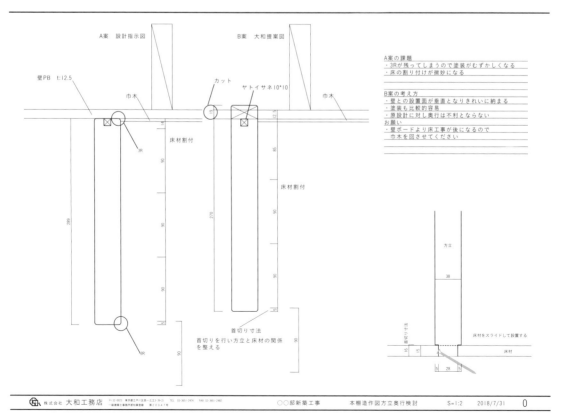

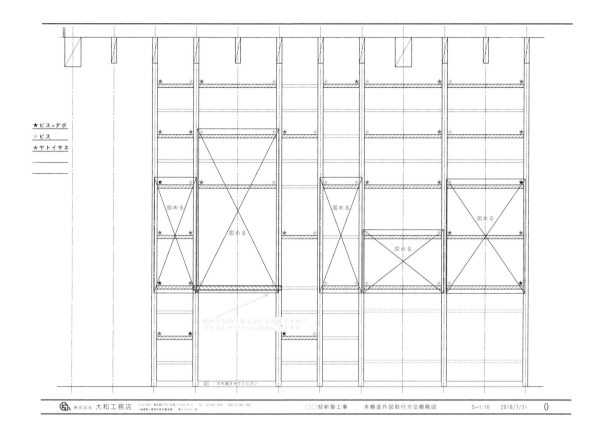

株式会社 大和工務店　〇〇邸新築工事　本棚造作図取付方法概略図　S=1:10　2018/7/31　0

[工務店による施工検討図]

1つの住宅を作り上げるためには、言うまでもなく現場との連携が必須である。現場もまた、ただ設計者からの指示通りに遂行するだけでなく、時により良い施工方法を考え、逆提案をくれることもある。

ここで紹介するのは、施工を担当した大和工務店からの施工提案。我々の設計意図を十分に読み取ったうえで、我々が求める以上の美しい施工にしようという熱意が読み取れる。こういう提案をもらえたときの嬉しさといったら！　ものづくりはこうありたい。

住宅はストーリーが大事

映画とお笑い芸人から学ぶこと

印象に残る映画にはいくつもの演出の工夫が散りばめられています。映画の冒頭に挿入される謎めいたワンシーンであったり、不安をかき立てるような効果音やカメラワークであったり。

ストーリーも、必ずしも時系列に沿って語られるわけではありません。進行中のストーリーに過去のシーンが挿入されたり、別の人物のストーリーがパラレルに語られたり。術中にはまった我々は、最後にその謎めいた伏線がすべて回収されるまでスクリーンから目が離せなくなってしまいます。

またテレビのお笑い芸人を見ていても、その話芸に感心させられることがあります。前振りから本題に入り、こちら側の予想を大きく裏切るオチへと話をつなげます。

このオチを最大化するためには、細かい描写を交えたシチュエーションの再現力や、話の端々に伏線を張りながらも、最後まで絶対にオチを悟られない（ネタバレしない）話の構成力が肝になります。これは、前述の良くできた映画と構成はまったく同じです。

設計者はストーリーテラー

住宅の設計にもこれとまったく同じことが言えます。住宅のプランニングにおいては機能や動線が大事だとよく言われますが、それだけでは住宅は味気ないものになってしまいます。

よく、間取りは機能的にまとまっているのに、まったく魅力のない家というものがあります。空間をこう見せよう、こうしたい！　という設計者の意思や執着のようなものが感じられないのです。

玄関から廊下を通ってダイニングに入る、寝室の隣にクローゼットを設けるなど、ただ機能を数珠つなぎにするだけでは、オチのない退屈な話を延々と聞かされているような気分になります。そこに求められるのは、設計者のストーリーテラーとしての構成力ではないでしょうか。

その住宅で展開される空間体験を、1本の映画に見立てたとしたら、そのストーリーはアプローチからすでに始まっています。

本書で紹介している KOTI であれば、下町の細い路地をゲストが訪ねてくるところからそれは始まります。ゲストは期待に胸を膨らませています。そんななか、路地を抜けて目の前に飛

びこんでくる住宅をどう見せるのが最も効果的でしょうか。あなたが映画監督ならどんなシーンを撮るでしょうか？

　路地を抜けると、通りに対して開いた庭先とシンボルツリー、そしてベンチが目に入ります。玄関をくぐると、向かいの壁に小さな窓があいていて、リビングと魅力的な北欧デザインのソファがちらっと見えます。

　引戸を開ければ、今度は小さな玄関とは対照的に光に満ちた吹抜けと先ほど小窓から見えたリビングの全体像がようやく視界に入ります。先ほどの伏線がここで回収されるわけです。

渡辺篤史さんに驚かされたこと

　テレビ朝日系列に「渡辺篤史の建もの探訪」という長寿番組があります。俳優の渡辺篤史さんが、建築家が設計した住宅を毎回ご自身の視点から紹介する人気番組なのですが、実はこの KOTI もこの番組の取材を受けて 2020 年 4 月にオンエアされました。

　驚くべきことに、渡辺さんは事前に下見やリハーサルなどを一切行わず、ぶっつけ本番で撮影に臨むのですが、放送を見てさらに驚いたのは、設計者目線で私なりに空間に込めたストーリーを、渡辺さんが初見で忠実に拾い上げ、リアクションを交えて実演して見せてくれていたことでした。これはまるで自分が書いたシナリオを俳優さんが忠実に演じてくださっているかのような不思議な体験でした。

　設計者が忍ばせた伏線の数々は、建て主によって長い時間をかけて回収されてゆきます。そしてそのうち、建て主は設計者の描いたシナリオからも解き放たれて、住まいの中で自由に振る舞いはじめます。いわば即興のオリジナルストーリーです。そのとき初めて、住宅は設計者の作為からも離れ、その人にとって本当の住まいになるのだろうと思います。

II

現場に正しく伝えるための工夫

07 | 把握情報は漏れなく盛り込む

設計者は情報の川上

　設計事務所は、建築において情報の最も川上にいる存在である。それゆえにプロジェクトで担う責任は重大だ。

　建て主からご依頼を頂き、ヒアリングを通して与条件をまとめあげる。その間に建て主と交わされる情報量は膨大だ。かといって、ただ書面の議事録をそのまま現場に託すわけにもいかない。設計プロセスにおいて建て主から頂いた情報やご要望、その経緯だけでなく、設計で悩んだあれこれなどを余さず図面の中に記録し、実施設計に織り込まなくてはならない。それが最終的に現場の手に渡り、施工された結果が建築となるのだから。

図面は議事録を兼ねる

　そこで大事なのは「図面は議事録である」という意識である。建て主との打合せで決まったことは、基本設計であればその都度変更や修正を行い、建て主と情報共有を重ねてゆけばよい。

　一方、実施設計ではその共有先は現場となる。設計の経緯で決まったことは、そのニュアンスも含めて正確に図面に記載しておきたい。

　たとえば、建て主がどのようなものを家の中に持ち込むかという情報は、現場の施工に直接の関係はないかもしれない。しかしそうした情報は、設計者がどういう与条件で寸法や納まりを導いたかを知る手がかりになり、それが納まるように現場で気を回してくれたり、時には設計者の間違いに気づいて指摘してくれたりすることもある。また当事者である設計担当者にとっても、それは自分がどうしてその寸法にしたのかを記す備忘録になり、現場で反芻（はんすう）する際にも有益な手がかりとなるのだ。

　こういう"転ばぬ先の杖"をつく方法論を「フェイルセーフ」と呼ぶ。人は必ずミスをする、忘れてしまうという前提に立って、転ばぬ際の杖をどこまでつけるかという考え方は重要だ。

　特にうっかりミスが多いと自覚している設計者は、自分の持っている情報を作図のタイミングでポケットからすべて出し、関係者で共有して「ミスに気づいたら指摘してね」としておくのがよいだろう。

情報の開示と共有はメリットしかない

　それ以外にも現場サイドと共有しておくべき設計情報は多岐にわたる。たとえば道路のセットバックなど行政側との協議によって決まったことも、現場側にとっては足場を落とす時期とも絡むため、工程の段取りを組むうえで重要な情報となる。電柱を移設する予定なども同様だ。行政の担当者とのやりとりのニュアンス（行政側負担の工事であるかや施工のタイミングなど）も、そこに議事録代わりに記載しておくとよいだろう。

　また設備機器の将来的な設置予定などについても、想定しうる限りの情報は図面に記載したい。機器によっては予備配管や電源、下地などが必要になることもあるためだ。

　このように、設計者は作図において考慮した情報は小出しにせず、可能な限りのすべて情報を図面上に開示すべきである。そうすることで関係者と問題共有ができ、施工をスムーズに進めてもらえるほか、そこにミスがあった場合に指摘を受けられる可能性も高まる。情報の開示と共有は、現場や設計者にとってはメリットしかないのである。

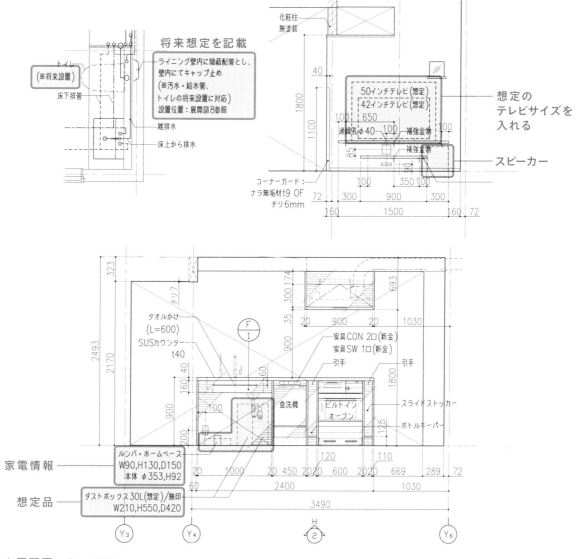

将来想定を記載

ライニング壁内に隠蔽配管とし、
壁内にてキャップ止め
(※汚水・給水管、
トイレの将来設置に対応)
設置位置:展開図8参照

※将来設置

トイレ

床下排管

雑排水

床上から排水

化粧柱
無塗装

想定の
テレビサイズを
入れる

50インチテレビ(想定)
42インチテレビ(想定)

スピーカー

通線孔φ40

補強金物

補強金物

コーナーガード:
ナラ無垢材t9 OF
チリ6mm

タオルかけ
(L=600)
SUSカウンター
t40

家具CON 2口(新金)
家具SW 1口(新金)
引手
引手

食洗機

ビルトイン
オーブン

スライドストッカー

ボトルキーパー

家電情報

ルンバ・ホームベース
W90,H130,D150
本体 φ353,H92

想定品

ダストボックス30L(想定)/無印
W210,H550,D420

▲展開図　S=1/50

現場の製作とは直接関係のない持込想定の家電情
報やダストボックスなどの想定を書き込んでおく
と、建て主や設計者本人の備忘録になり、入居後
に想定品が納まらないなどのうっかりミスを未然
に防いでくれる。

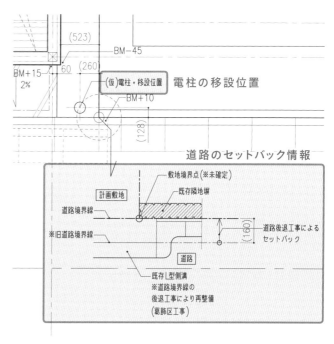

電柱の移設位置

(仮)電柱・移設位置

道路のセットバック情報

計画敷地

道路境界線

※旧道路境界線

敷地境界点(※未確定)

既存隣地塀

道路後退工事による
セットバック

道路

既存L型側溝
※道路境界線の
後退工事により再整備
(葛飾区工事)

行政による道路のセットバック工事や電力会社な
どによる電柱の移設情報など、事前に設計者が知
り得た情報はすべて議事録のように書き込み、関
係者全員で共有しておきたい。

洗面カウンターの下部スペースには将来トイレを設置するときのための隠蔽配管が立ち上げられている。当面の設置はないため、壁の中に隠して見えないようにしている。

上からテレビ台、PC コーナー、キッチンシンク下。事前の打ち合わせを踏まえて家電や備品の配置を図面に織り込み、実際にほぼ設計想定通りにご使用いただいている。

08 意匠と設備の整合性を心がける

現場で頭が真っ白に

設計者あるあるとして、現場からかかってきた電話で「配管が梁と干渉して納まりません！」と言われ、頭が真っ白になる、というのがある。

狭小住宅を設計していると、少しでも部屋を広くしようとして、木造の壁の中をパイプスペース代わりに使って配管を通すケースが多くなる。その際、2階に水回りを設けると必ずと言っていいほど配管ルートが梁と干渉する。

また斜線制限などの影響を受けたり、天井高をなるべく高くしようとしたりすると、天井の懐寸法が十分に取れないことも多く、今度は換気扇の排気ダクトが梁と干渉して外に出せなくなるという問題も発生する。いずれも、ほとんどの住宅設計者が現場で一度は経験する失敗だ。

美しく整然と納めたい、空間をより広く使えるようにしたいといった思いは設計者のこだわりや良心から発しているものだろう。しかし、きちんとその先まで考えておかないと、結果的に現場に迷惑をかけるし、不用意に梁を切り欠くなど無理な納め方をすれば後々取り返しのつかないことになる。

設計は詰め将棋

設計は詰め将棋のようなものだ。とりあえず「歩」を1つ動かすところから始めて、次は出たとこ勝負で考える方針もあるかもしれないが、美しい戦術とは言えないだろう。

たとえば電気設備図にコンセントやスイッチ、照明器具を直感的に配置しただけでは検討が不十分である。設備機器をひとたび図面に落としたら、外部配管に接続するまでのルートを一通り頭に描かなくてはならない。スイッチやコンセントも、壁内にある柱などとの干渉から、思った位置に設けられなく

なることは多い。

設計を繰り返せば、それぞれにとっての納め方の"勝ちパターン"もできあがるはずで、慣れてしまえば簡単だ。

見えないものを見えるようにするのが図面

描き方を工夫すれば、図面は表面的な情報だけではなく、目には見えない下地情報をも可視化できる。設備と干渉しそうな構造などは点線で記し、配管ルートまで描き入れれば、現場に自身の考えを共有できるだけでなく、隠蔽部の設計に潜むミスを未然に防ぐことができる。

木造の場合なら、床伏図や軸組図などにもあらかじめ構造の切欠き位置などを記載しておきたい。構造は必ずしも切り欠いてはいけないわけではなく、一定のルール内であれば性能を損なわずにスリーブを設けたり、一部を切り欠いたりできる。

ただ、それを場当たり的に現場で行えば、施工者や建て主も不安になるし、追加の補強工事が必要になることもある。すべては織り込み済みであることを図面に表して、現場ではその筋書き通りに進めてもらうのがスマートだ。設計時から施工までを、設計者がどこまで見通せているかが肝要なのである。

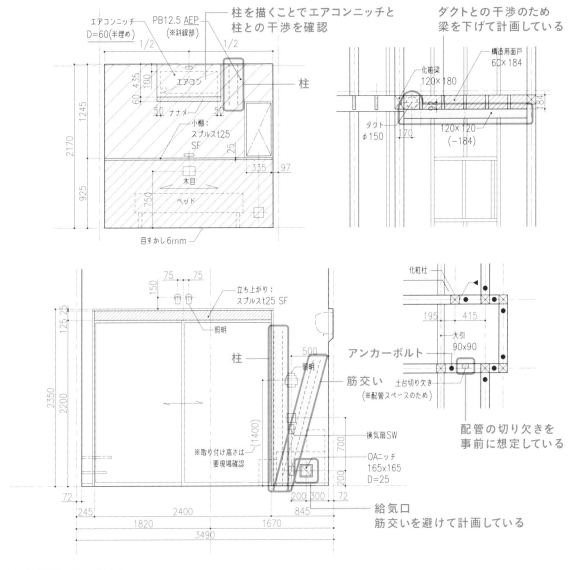

柱を描くことでエアコンニッチと
柱との干渉を確認

ダクトとの干渉のため
梁を下げて計画している

エアコンニッチ
D＝60(半埋め)
PB12.5 AEP
(※斜線部)

柱

構造用面戸
60×184

化粧梁
120×180

エアコン

ダクト
φ150

120×120
(－184)

小棚：
スプルスt25
SF

木目

ベッド

目すかし6mm

立ち上がり：
スプルスt25 SF

照明

柱

照明

筋交い
(※配管スペースのため)

※取り付け高さは
要現場確認

換気扇SW

OAニッチ
165×165
D＝25

給気口
筋交いを避けて計画している

化粧柱

大引
90×90

アンカーボルト

土台切り欠き

配管の切り欠きを
事前に想定している

▲展開図　S＝1/50

設備のダクト貫通や設備機器設置用のニッチ（へこみ）などを設ける
際は、構造との干渉に十分に留意する。展開図などにも構造の位置を
点線で示すなどして、軸組図や床伏図などとの整合性に努めたい。

土台部には、上階からの配管などが集中して落ちてくる。配管ルートは設計段階で十分に織り込んで計画したい。

09 | 配置は境界ポイントの設定から

まずは追い出しポイントの設定から

現場の着工前には地縄を張り、建物の位置を確認する。その際に重要なのは追い出しのポイント、つまり敷地内の任意の境界ポイント（金属プレートや杭など）である。このポイントがずれれば、建物の位置がずれ、最悪の場合には敷地からはみ出してしまったり、斜線制限などに引っかかってしまったりすることもある。

ところが、確定した境界ポイントがすべての敷地に入っているかといえばそうではない。最近分譲されたり、仲介の不動産業者などから購入したりした土地には境界ポイントがしっかり入っていることも多いが、下町や、建て主の親族が代々住んできたような土地には、そのような境界ポイントが入っていないことも多いのが実情だ。

確定測量と現況測量

後者の場合、正式にはどうするかというと、測量会社に依頼して「確定測量」と呼ばれる測量を行う。これは境界に接するすべての地権者に境界位置を確認してもらい、その位置に境界ポイントを設置し、敷地面積を再測量するという方法である。最も正確で確実だが、時間がかかり費用も高額であることや、境界位置をめぐって隣家と見解の相違が発生すると面倒な事態に発展することもあり、必ず実施した方が良いとは一概に言えない。

そんなときは「現況測量」といって、境界プレートは設けず、現状のみなし境界線（多くの場合、ブロック塀の芯や側面などを敷地境界とみなす）で測量図を作成する方法がとられることも多い。こちらは逆に手っ取り早い一方で、不確定要素も残す。現況測量の場合は、明確な境界ポイントが設置できないためである。

そこで、測量時に何を根拠に測量したかの記録が重要となる。多くの場合は道路側などどこか1〜2ヶ所くらいは境界ポイントが入っており、その場合はこれを不動点とすることになる。

視認できるポイントから配置は決まる

前置きが長くなったが、敷地の現地調査の際には、この境界ポイントの確認が何よりも重要となる。そして配置図を描く際は、必ずこの視認できる明確な境界ポイントからの位置寸法を入れることが配置計画の第一歩となる。

いささか当たり前のことを書いているように思われるかもしれないが、確定されていないあやふやな境界ポイントから建物配置を追い出してしまうケースは往々にして見られる。CADによる作図を過信しすぎるあまり、着工時に現場監督を困らせてしまうパターンだ。

どの敷地辺に対して平行か

境界の追い出しポイントを定めたら、次はどの敷地辺に対して平行であるかの設定を行う。平行でない場合も、やはり特定の敷地辺に対してどのくらい振っているのかの具体的な記載が必要になるだろう。特に敷地が小さい場合は、隣地との離れや室外機の配置、斜線制限など実にシビアな調整が求められる。手戻りのないように、正しい手順で正確な建物配置を心がけたい。

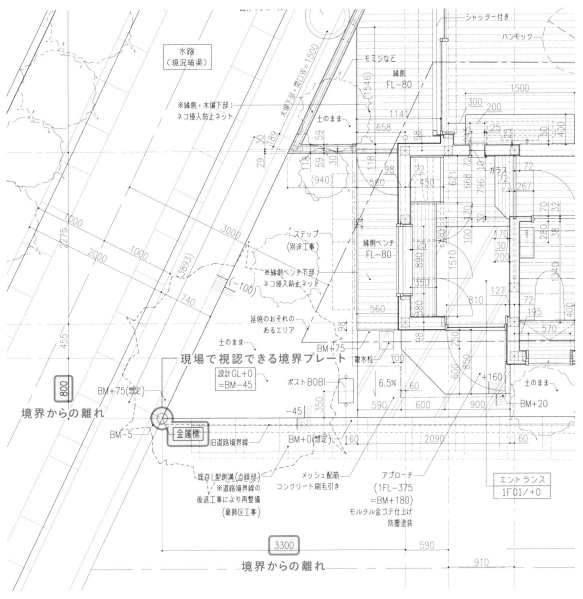

水路
（現況暗渠）

※縁側・木塀下部：
ネコ侵入防止ネット

モミジなど

縁側
FL-80

土のまま

木塀下部・開口 □W=1500

(1546)

1500

1141

300　200

658

ガラス

ステップ
（別途工事）

縁側ベンチ
FL-80

※縁側ベンチ下部
ネコ侵入防止ネット

延焼のおそれの
あるエリア

土のまま

現場で視認できる境界プレート

設計GL+0
=BM-45

ポストBOBI

散水栓

6.5%

＋160

土のまま

BM+75

BM+20

800

境界からの離れ

BM+75 (想定)

BM-5

金属標

旧道路境界線

BM+0 (想定)

-45

既存L型側溝（点線部）
※道路境界線の
後退工事により再整備
（葛飾区工事）

メッシュ配筋
コンクリート刷毛引き

アプローチ
（1FL-375
=BM+180)
モルタル金ゴテ仕上げ
防塵塗装

エントランス
1F01／+0

3300

590

910

境界からの離れ

建物の配置を決める追い出しのポイントは、視認できる境界ポイントからが基本。
敷地内のわかりやすいポイントを定めて、そこからの建物の離れ寸法を決める。

▲1階平面図　S＝1/50

敷地北東部の道路側境界付近。隣家のブロック塀
端部が境界位置を示しているが、境界プレートは
なし。

敷地北西部の隣地側境界付近。境界プレートが設
置されていない。

敷地南東部の道路側境界付近。この部位に明確な
境界プレートが認められたため、このポイントを
追い出しポイントに使用した。

10 | 配置図には
周辺情報も忘れずに

建物のあり方を決めるのは周辺環境

住宅は個人の建て主さんからのご要望を主に設計条件として進めるものと思われがちだが、建物のあり方を決める要素としては周辺環境が思いのほか大きい。方位であったり、道路の幅員であったり、あるいは隣家の位置などですらも、大いに設計に影響を与えるものとなりうる。

建て主さんは収納やキッチンなどのご要望については饒舌にお伝えくださるが、陽当たりや風の抜け、隣家からの視線などについては“当然”配慮されているものと思われている節がある。だから我々は言われなくても、それらが十分に考慮された案をご提案しなくてはならないし、それは建て主さんのご要望をお聞きする以前の問題であるとも言える。

特に住宅密集地においては、開口の位置には細心の注意を払わなくてはならない。仮にリビングに開放的な窓を設けたとしても、目の前に隣家の開口部や通行人の目があれば、住まい手はカーテンを開けることはできないだろう。街にひらいた住まいは、ただ窓を大きくした住まいのことではなく、他者からの視線にも十分に配慮された安息の場でなければならないのだ。

敷地の個性を読む

どんな人にも必ず長所と短所があるように、どんな敷地にもそれらはある。一般的には計画がしやすい平坦な整形地は好敷地とされ、一方で計画に難のある傾斜地や変形地は敬遠されることになる。ところが見方を変えれば短所は長所にもなりうる。設計者は、一見すると敷地の短所に思える点を「土地の個性」と捉え、それを活かす術を考えることが重要である。

たとえば、傾斜地では基礎工事にお金がかかることもあるが、それによって得られた眺望を最大に活かした住宅が設計できることもある。

また変形地ならプランもいびつになることもあるが、それによって変化のある空間構成になったり、予期せぬ角度から光が差し込む空間にしたりすることもできるかもしれない。

周辺環境を見える化する

このように、住まいを考えるときには建て主のご要望や住まい方と同じくらい、周辺環境の読み込みや調整が重要になってくる。「07 把握情報は漏れなく盛り込む」で、設計者の知り得た情報はすべて図面の中に表現するべきだと書いたが、こう考えると配置図に当該敷地の輪郭線だけを描くことが、いかに不完全な作図であるかがわかるだろう。

逆に言うと、平面プランの検討時に周辺環境の情報まで織り込まれていれば、それを手がかりに、自ずと意識して開口位置を決めることができる。

同じ理由から、我々は提案用の模型を作る際も、必ず周辺環境まで作り込むようにしている。そうすることで、平面情報ではわからなかった隣家側からの建物の見え方や、影の落ち方などもイメージできるようになるからだ。

建築は唯一無二の敷地に建つものである。敷地の周辺環境を十分に設計に織り込み、建て主の「無言の期待」にさらっと応えたい。

隣家

現地を実測

+350

現況を描く

既存街路樹

ネコ侵入防止ネット

土のまま

ホースリール

木塀

壁水栓

BM+75

BM-45

(150)

人の目線

既存マンホール

水路
（現況暗渠）

モミジなど

縁側
FL-80

3000

※縁側・木塀下部：
ネコ侵入防止ネット

人の目線

土のまま

歩道状況を表現する

1000

1000

2000

3670

740

(-100)

植込みも正確に描く

930

ステップ
(別途工事)

縁側ベンチ
FL-80

※縁側ベンチ下部：
ネコ侵入防止ネット

560

設計に影響を与えそうな周辺状況は、なるべく図面上にも描き入れる。この一手
間により条件が整理され、思い込みによる間違いを防ぐことができる。

▲1階平面図　S＝1/50

敷地の歩道（水路）側の周辺状況。植え込みやマンホールの位置など、敷地外にあるものも注意深く拾う。

模型を作成するときは、必ず周辺の道路や隣家なども作る。建物は単体では存在できず、常に周辺環境と共にあるためだ。周辺を作り込むことで、隣家との関係や通りからの見え方などについて、事前の念入りなシミュレーションができる。3Dレンダリングによる検討も主流となりつつあるが、やはり模型によるリアルな物質感は、バーチャルにはない安心感がある。

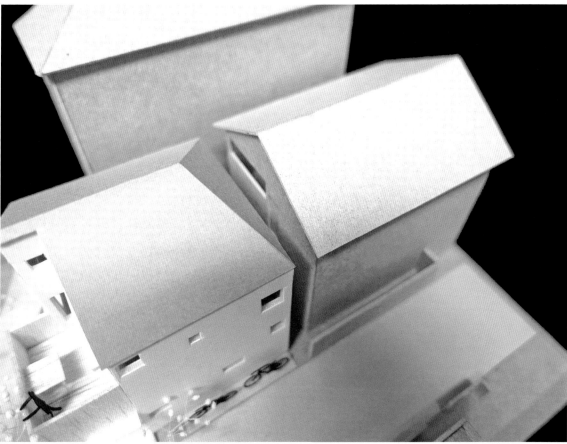

11 | 立面図は描ききるが基本

奥の深い立面図の世界

1つの建物に立面図は果たして何面くらい必要なのだろうか。平面が四角形だとして東西南北で計4面？と答えたあなたはちょっとアヤシイ。まともな設計をしようと思ったら、平面がたとえシンプルな四角形であろうと、驚くほど描くべき面は出てくるのだ。そこに簡単なようで奥が深い立面図の世界がある。

敷地の外側から見える建物の外壁面は4面であったとしても、バルコニーの手摺りや木塀の裏側は、内側からでなくては見ることができない。しかし室内ではないので、内部展開図では描かれることはない。では施工者はどうすればその情報を知ることができるだろうか？

「そんなの描かなくてもわかるでしょ？」。本当にそうだろうか。明確に描かずに施工者に委ねたなら、どういう仕上がりになっても文句は言えない。細部まで余さずに描くのは設計者の義務であり、立面図にはこうした死角になる部分の情報まで伝える役割があると考えなくてはならない。死角なく描こうと思えば、シンプルな外観であっても平均して7〜9面程度の立面図、あるいは立面展開図が必要になることがわかる。

過小評価されている立面図

寸法がびっしり入った平面図や矩計図と比べると、立面図は拍子抜けするくらいあっさり描かれることが多い。しかし、立面図には描くべき情報は少ないかといえば、実際にはそんなことはない。

完成した建物を見れば明白だが、壁面には開口部以外にも庇や縦樋、空調室外機やテレビアンテナ、インターホンやベントキャップ、幹線の引込みなど実に多くの要素に溢れている。それらを立体的に交通整理するのも立面図の大切な役割だ。

それを怠るとどうなるか……。世にもオソロシイ事態が待っている。あんなに熱心に眺めた模型にはなかったテレビアンテナがあり得ない位置に付いていたり、室外機が乱雑に並んでいたり。それを目の当たりにしたときの激しい落胆は、設計者であれば誰しも経験があるだろう。もし未経験なら、今後もそんな悔しさを味わわなくて済ませられるように、立面図を描ききることを心に刻もう。

立面は社会とつながるインターフェイス

平面図は生活者の利便性を考え、細心の注意をもって寸法が決められる。平面図は生活者に寄り添うものであるとするならば、立面図は社会に向けて住まいの個性や表情を表出させる大切なインターフェイスといえる。多くの設計者はその確認のために模型やCGなどを使い熱心にボリュームの検討を重ねる。

しかし前面道路が狭ければ、模型を眺めるような引き目線による全体のプロポーションの確認は難しくなる。建物はむしろ、寄りによる厳しい視線にさらされることになるのだ。建物の印象を決めるインターフェイスは、街行く人の寄りの視線にも十分に耐えうるものでなくてはならない。これは街並みの一角を担うべき住宅を設計する者にとっての責務であろう。

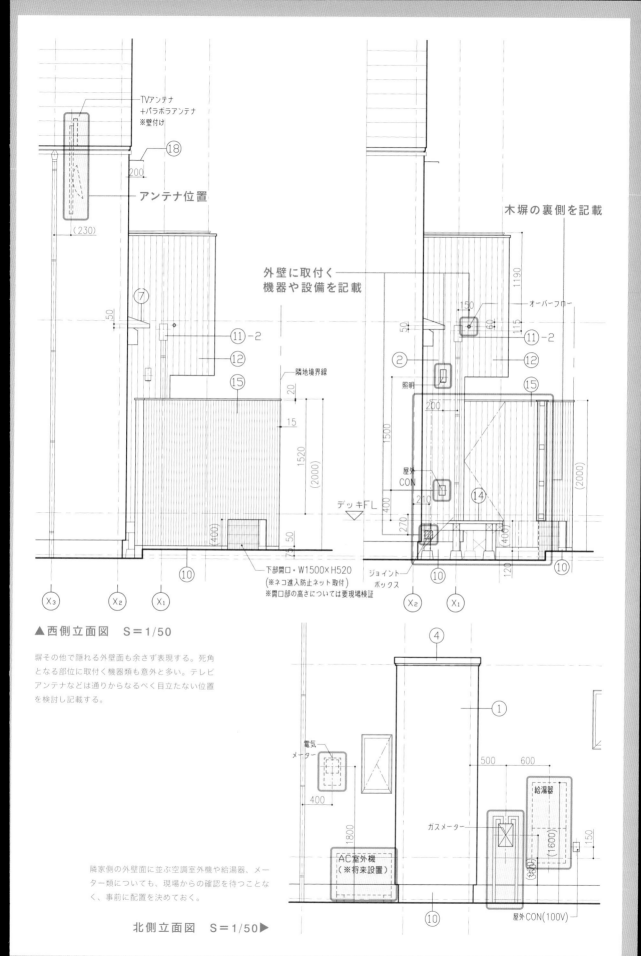

TVアンテナ
+パラボラアンテナ
※壁付け

⑱

200

アンテナ位置

(230)

⑦

50

⑪-2

⑫

⑮

1520

(2000)

隣地境界線

20

15

50

75

(400)

外壁に取付く
機器や設備を記載

木塀の裏側を記載

1190

オーバーフロー

150

60

115

⑪-2

50

②

⑫

照明

⑮

200

1500

屋外
CON

210

270

400

(2000)

デッキFL

⑭

(400)

120

ジョイント
ボックス

下部開口・W1500×H520
(※ネコ進入防止ネット取付)
※開口部の高さについては要現場検証

⑩

X₃   X₂   X₁

⑩

X₂   X₁

⑩

▲西側立面図　S＝1/50

塀その他で隠れる外壁面も余さず表現する。死角
となる部位に取付く機器類も意外と多い。テレビ
アンテナなどは通りからなるべく目立たない位置
を検討し記載する。

④

①

電気
メーター

400

500   600

給湯器

(1600)

1800

ガスメーター

150

AC室外機
(※将来設置)

(300)

隣家側の外壁面に並ぶ空調室外機や給湯器、メー
ター類についても、現場からの確認を待つことな
く、事前に配置を決めておく。

⑩

屋外CON(100V)

北側立面図　S＝1/50▶

KOTI 夕景

路地にともる灯りは、街の人に対しても安心感を与えるものになる。

工務店とは対等に

相見積もり問題を考える

工務店の選定において、業界では長らく「相見積もり」と呼ばれる方法が慣例となってきました。

相見積もりとは、同じ図面で複数の工務店から見積書を出してもらい、建て主は提示された見積もりのうち、おそらくは一番安い金額の工務店を選ぶことができる合理的なシステムのことです。

いまどき、引越しでも家電の購入でも複数の業者や製品を比較して選ぶ時代ですから、一般の方にとっても相見積もりに違和感はないかもしれません。むしろ1社単独でとなったら、足元を見られて金額が下がらなくなるのではないか、高い金額で契約せざるを得なくなるのではないかと思うことでしょう。そのお気持ちはよくわかります。しかし、はたして本当にそうでしょうか？

長らくこの仕事をやっている私は、そんなことはないと自信を持って言えます。

なぜなら、我々は住宅を作るのに必要な工事の適正価格を知っているからです。その都度、複数の工務店の見積もりを取らなくても、過去と同じような仕様で作った場合の見積りデータの蓄積があり、割高に思える項目は我々が工務店と値交渉を行います。これにより、結果的に過去数十社の工務店との比較をしているのと同じことになるのです。

もちろんこれはすべての設計事務所に当てはまることではありません。これは我々の事務所が毎回変わったことをするのではなく、同じことの積み重ねでクオリティを上げていこうと考えているからできることでもあるのです。

良い工務店の定義とは？

相見積もりの弊害は、家づくりで最も大切なことを見落としてしまう危険性があることです。それは「ものづくりは人が担う」という当たり前の事実についてです。

私にとって良い工務店の条件は「金額が適正」で「施工の腕が良く」「アフターフォローがしっかりしている」ことです。

しかし相見積もりでわかるのは、最初の金額面だけでしかありません。言うまでもなくあとの2つもとても大切な条件であるにもかかわらず。むしろこの3つの中で一番大切なものを選べと言われたら、私は「アフターフォロー」を挙げるでしょう。

なぜなら、アフターフォローが良い工務店は施工が良く（だ

からクレームが少ない)、施工が良いということは段取りが良く、金額の落としどころを心得ている（適正価格）からです。

　単独発注の良さは、前述の"三方良し"の工務店を最初から迷いなく選定できることです。三方良しの工務店はとても人気があるので、相見積もりの条件を持ち出せば、きっとあなたの住宅に対する受注の優先順位はぐっと下げられてしまうことでしょう。

　一方で「おたく1社で考えています」と言えば、依頼者の意気込みを感じ、確実な仕事として最優先で取り組んでもらえることでしょう（それは我々の仕事にも当てはまることですね）。

　だから我々は、可能な限り工務店は単独発注とするよう建て主を説得しています。多くの場合ご理解くださり、結果として近年では毎回信頼の置ける工務店の施工で、クオリティの高い住宅をお引渡しできるようになってきました。

工務店とはフェアな関係で

　では逆に、工務店にとって良い設計事務所の定義とは何でしょうか？
それはきっと「建て主からの信頼が篤く」「図面に間違いがなく」「現場と対等にものづくりをしてくれる」三方良しの事務所ではないかと思います。

　上から目線で威厳をかざしながら、一方では図面には不整合が多く、建て主との関係をこじらせて、最後は現場に泣きついてくる設計者についての愚痴を工務店からは過去に幾度となく聞かされてきました。

　私はこの仕事を続けるにあたっての志として、前述の三方良しの設計事務所でありたいと思っています。評価は人が決めることですが、少なくとも現場とは対等に、フェアな関係でいたいのです。

　我々が工務店を指名するように、我々も彼らから逆指名を受けるような事務所でありたい。本書に込めた思いもそこにあるのです。

12 特記仕様に
ノウハウを記載する

設備特記は職人への申し送り事項

住宅では一般論としての共通仕様表記よりも、個別の図面の中で直接各工事への注意を促す特記仕様にしたほうが、実効性が高く、間違いが起こりにくいと経験上感じている。特にそれが有効なのが設備と構造である。

設備工事は給排水衛生、空調、電気などに部門が分かれる。現場に常駐する大工による工事と異なり、設備工事は担当業者が単発的に現場に入ることが多く、設計者が直接指示を与えることが難しい職種だ。そのため、各図面に記す特記仕様は担当する職人への申し送り事項であり、現場監督を通じて指示を徹底してもらいたい内容ということになる。

生きた特記仕様を目指す

ここに記すのは一般的な技術的事項というより、設計者として特に気をつけてもらいたいポイントである。当該敷地や建物固有のイレギュラーな条件であったり、過去の痛い失敗から新たに書き加えられたりした内容などもある。

たとえば、意匠上の観点から配管は隠蔽配管にするのが当たり前だと設計者が思っていても、点検のしやすさを優先させようと現場の職人が良かれと思って配管を露出させることもある。こうした両者の認識のズレや誤解が起こるのを未然に防ぐよう、図面中にあらかじめ明記して伝える工夫をしたい。時には、現場から前向きな施工提案を受けることもある。施工の観点からの貴重なフィードバックであり、設計者には想像もつかない内容が含まれることもある。そうしたことも忘れないうちに特記仕様に書き加え、日々バージョンアップする「生きた特記仕様」を作りたい。

構造特記は簡略な表記を心がける

構造における特記仕様は、主にコンクリート強度や鉄筋仕様など基礎工事に関わるものや、使用樹種の指定といった木構造に関わるものが大半を占めることになる。後者はプレカット業者の見積りや施工図の作図の際にもなくてはならない情報だ。

ところが、これらを細部まで正確に伝達しようと考えると膨大な情報量になってしまう。そこで現場の良心的施工を信じ、監理によって現場でも確認を行うという前提で、最も重要な記載のみにとどめ、全体には極めて簡略にしている。これは結果的に、監理を行う担当者のチェックリストを兼ねることにもなる。つまりこれだけを押さえてもらえればよいという勘所を集めたものになっており、それでも過去にトラブルが起きたことはない。

またここでは構造用面材の施工法についても明記している。最近は、筋交いでなく構造用面材を使った耐力壁が我々の設計でも主流となっている。また室内側の石膏ボードの施工をしやすくする真壁納まりによる面材施工も多用しており、その際の釘ピッチや必要な下地寸法などについても略図を示すことで、監理の際に現場での照合もしやすくしている。

我々がいない間にも、現場はどんどん仕事が進む。毎日現場に足を運ぶわけではなく、監督も現場に常駐しているわけではないとしたら、現場で目を光らせてくれるのは、情報が網羅された図面であり、精査された特記事項であるといえる。

衛生設備 特記仕様

- 凍結防止のため、配管類は所定の埋込深さを確保し必要な断熱ラッキングを施すものとする。
- 主管の排水勾配は1/100以上を確保する。
- ガス管は新規引込みとする。（本工事）
- 量水器（20mm）は新規設置とする。
- 最終マスは私道側の既存・汚水マスを利用する。ただし、私道側の既存・汚水マスが利用可能かどうかは再度、現地確認による。
- 給水管・下水道は既存利用とする。
- 給排水・ガスは事前の計画により、基礎梁にスリーブを設け外部に接続する。スリーブの後抜きは原則として禁止する。
- 汚水・雑排水は合流とし、敷地内新規最終マスに接続する。
- 屋内の汚水・雑排水管には防音ラッキングを施すこと。
- 配管は原則として壁内隠蔽配管とする。
- ガスメーターは無線メーターを使用する。
- 図面の配管ルートは略図であり、実際の配管は現場の納まりを考慮し係員の承認を受けること。

空調設備機器表

- エアコンのドレン／冷媒配管は原則として壁内隠蔽とし、土台上で外部に振り出すものとする。
- パイプ扇（とじピタ）のダクト芯の位置に注意すること（本体の芯とダクト芯 10mm偏芯している）
- ベントキャップは標準色シルバー、V-4、OA-2のみ防火ダンパー付き

＜取付け高さ＞
※図面特記がある場合は、図面に従う。

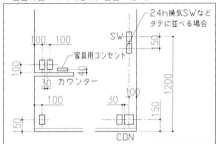

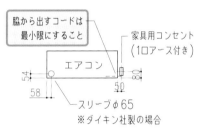

※ダイキン社製の場合

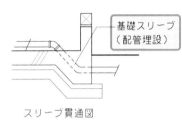

スリーブ貫通図

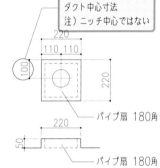

各設備工事における特記仕様の記載例。なるべく文章ではなく図解を増やし、直感的に理解できるようにしている。一方で文章では守って欲しい最低限のラインを示している。

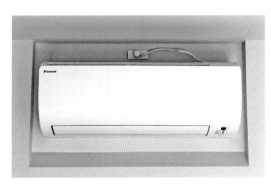

エアコンコンセントの設置例

構造用面材の釘固定や下地材などについての記載例。こちらも図解により直感的でわかりやすい表記を心がけている。

構造用面材特記例 ▶

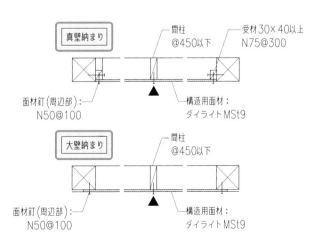

13 | 伝わる設備スペックを心がける

型番には情報を添える

前項では設備図や構造図にあたっての特記仕様の考え方について記したが、こちらではもう少し具体的な設備図における機器スペックの書き方について、いくつか押さえておきたいポイントを詳述したい。

まず設備図における機器スペックは主にメーカーのカタログ等から転記することになるが、単に製品型番を羅列する作業に陥らないように注意したい。記号的な型番からはそれがどういう製品かを類推することができない。そのため、型番が間違っていたとしても納品されるまで間違いに気づかない恐れもあるのだ。

そのため、型番の脇に設計者としてどういう特徴のものを選んだのかを付記する。たとえば、色も色番だけでなく「ホワイト」など具体的な色名を付したり、機能的な特徴を書いておいたりすれば、自分がどういう理由でそれを選定したか辿りやすくなる。またカタログのない現場でもどういう機器が取り付けられるのかイメージできるし、間違いがあれば第三者や現場サイドも気づくことができる。

納期は設計者も責任を持つ

また納期にも気をつけたい。機器によっては受注生産であるものや輸入が必要になるものもあり、後者の場合は納期が数ヶ月に及ぶことがある。手配は現場の責任であるとはいえ、竣工間際になって初めて在庫がないと知り絶望するのは設計者も同じなのだ。機器選定時に納期も確認し、注意が必要な場合は図面に記載し注意を促す。また機器承認はいたずらに保留せず、早めに確定させれば、現場も早期に手配をかけやすくなる。

輸入機器は取引商社を押さえる

工務店の機器の仕入れルートは、一般的に国内品には強くても輸入品には弱い場合が多く、ほぼ定価ベースでの取引になってしまうこともある。そんなときのために、よく使う輸入機器については直接取引できる商社ルートを設計者側で押さえておくと良い。定価の2～3割引での調達が可能な場合もあり、その分を建て主に還元できる。海外製の食洗機や北欧照明など、一部の輸入機器は施主支給とするのも一考だ。

ちなみに国産の設備機器なども、ネットショップを駆使すると思いのほか安く入手できることもある。世間ではこれを減額の切り札とすることも多いようだが、筆者はあまり推奨していない。取付け工事費が別途かかるなどして、実際にはわずかしか減額にならなかったり、手配が遅れたり、機器の故障時に工務店の対応が受けられなかったりとトラブルのもとになりやすいからだ。度を超した施主支給は、上記の理由から現場もあまり歓迎していないように感じる。

設備スペックは設計の最後の総仕上げ

特定のメーカー担当者と打合せをしたり見積りを取ったりした場合は、その問い合わせ先や担当者名を明記しておくと取引がスムーズになる。

特定のメーカーを指定する必要がない汎用的な機器を採用する場合は「○○（メーカー名）程度」といった表現に留める。工事業者によってはほかに取引しやすいメーカーがあったり、機器在庫を持っていたりする場合もあるためだ。

竣工間際に器具付けがあるように、設計者にとっても設備スペックは設計の最後の総仕上げとなる。細部まで気を抜かずに表記をしたい。

＜衛生設備機器リスト＞

＜ガス給湯器＞
ガス給湯器 フルオート24号（屋外壁掛型。エコジョーズ）
GT-C2452AWX-2 BL （マイクロバブルなし）
（RC-D101PE マルチセット。インターホン付）
配管カバー：H32-K（450）
排気カバー：C107（上吹き）/以上、ノーリツ

────── 型番が意味する機能を書く

＜1F・キッチン＞
・IHクッキングヒーター：Wシリーズ KZ-W173S
（W750・2口IH+1口ラジエントヒーター・シルバー）
・ビルトイン電気オーブンレンジ：NE-DB901W（シルバー）/パナソニック
・食洗機：NP-45MD7S（6人用・シルバー）/パナソニック
ドアパネル：ナラ柾・練付合板t4はめこみ □F
・キッチン水栓：SF-E546SY（eモダン・Lタイプ・エコハンドル）/LIXIL
・浄水水栓：721-010/カクダイ
・浄水カートリッジ：TK302B2/TOTO

────── 色の情報を書く

＜2F・洗面室＞
・洗面器：2354600041（Dura Square）
・洗面器水栓：C110200020（C.1・シングルレバー混合栓）
・流し用排水金具：433-129（ボトルトラップユニット・樹脂製）
/以上、すべてデュラビット
（問合わせ先：TEL 00-0000-0000 ○○氏）
・洗濯機パン（740サイズ）：PF-7464AC/L11/LIXIL
・洗濯機パン用トラップ：TP-51/LIXIL 程度
・洗濯水栓（単水栓・H=1250）：LF-WJ50KQ/LIXIL
・ガスコンセント（H=1250）：埋込一口タイプ（色：アイボリー）
/東京ガス 程度

────── 担当者を通した方がスムーズな場合は連絡先を記載する

────── メーカーを指定しなくてもよい場合は「程度」を表記

＜2F・浴室＞
・浴槽：ハーフユニットバス 1616サイズ
PYP160ADJKF（ハーフバス08 タイプ0）
ふろふた+ふろふたフック付き/TOTO
※注：納期2週間かかります。
・シャワー水栓：BF-E147TSBW（eモダン・エコフルスイッチ）/LIXIL

────── 納期がかかる場合は注意を促す

衛生設備機器スペックの記載例。選定機器の画像などを貼付する方法もあるが、作図手間や修正のしやすさを考え、あくまで文字情報のみでわかりやすく伝えるようにしている。

ドアホン子機の設置例

電気設備スペックの記載例。照明器具は光源と明るさの目安を記載し、あとで照合しやすいようにしている。ペンダント照明などは別途支給品とすることが多いが、当該の型番を把握している場合は備忘録として記載しておく。

────── 取付けの注意事項

＜ドアホン・内線＞
・どこでもドアホン VL-SWD501KL/パナソニック
ドアホン+モニター親機+モニター子機のセット（電源は直結）
注）ドアホン子機は外壁埋込み仕様とする（承認図 要確認のこと）
ドアホンBOXカバー：GP-092-XS-31（サンドブラストシルバー）
VL-V571（パナソニック）対応型/カワジュン

＜照明器具リスト＞
A1：庭園灯
DWP-37933 ブラック（DAIKO）
/LED3.7W,電球色（白熱灯40W相当）
A2：屋外用スポット
DOL-4018YB ブラック・人感センサー（DAIKO）
/LED16.6W,電球色（12Vダイクロハロゲン50W相当）

────── 光源・明るさ

P1：引掛けシーリング（角形）・照明器具は施主支給
参考：ペンダント照明
A330S GOLDEN BELL/914A330S/BRASS
（ゴールデンベル・真ちゅう磨き仕上げ）
コード長：特注コード長（仮・全長H=1850mm）
/E26 普通ランプホワイト40W（ヤマギワ）

────── 輸入品は支給する

────── 施主支給品もスペックを書く

14 | 仕上げは決定を先送りしない

悩み多き仕上表

　各種仕上げの決定は、おそらく意匠設計者が最も心を砕く部分であり、悩みの多いプロセスだろう。特に色は、手元の小さなカラーサンプルから正確に仕上がった際の色味を想像することはなかなか難しい。事務所で悩み、最後は現場で迷いを断ち切るように最終決定を下すのが多くの設計者にとっての通過儀礼ではないだろうか。

　しかしだからといって設計時点で大ざっぱな決め方しかしていないと、現場に入ってから苦労する。

　たとえばタイルなどはメーカーや品番によっても価格が異なり、場合によっては特色扱いになったり、納期が長くかかったりするものもある。住宅の現場は進捗が早いので、うかうかしているといきなり「今週中に色を決めてください」との通達が現場から届くことになる。建て主との共有が十分にできないままタイムアップを迎えることにもなりかねない。

色や品番は設計段階であたりをつける

　リオタデザインでは、見積り発注時までに、仕上表には仕上げの種類はもちろんのこと、壁紙の品番やタイルの色なども、一旦建て主と一緒に仮決定をし、すべての情報を図面に記載するようにしている。前述のような事態を回避したいためだが、実施設計に向き合っているときこそ、設計者と建て主の集中力が最も高まっているというのも理由として大きい。

　よくわからない図面よりも、目の前に仕上材が並べられたときの方が、建て主も目を輝かせてくれる。その流れで一気に色まで決めてしまうというのが我々のやり方だ。

　このとき、建て主の意見を十分に聞くことはもち

ろんだが、御用聞きのようにただ決定を委ねるのではなく、プロとしての意見も忌憚なく言い、両者納得の落とし所を決めることが重要だ。そして現場でもう一度建て主とその経緯ややりとりをトレースし直して、変更や心変わりがないかを確認する。すでに仮決定しているので、現場で延々と悩むことがなく、非常にスムーズに決めることができる。

　1つ気を付けなくてはならないのは、仕上表に品番等が明記されると、設計者に多少迷いがあっても、確認なしにその通りに施工されてしまう可能性があることだ。仮決定の場合は、品番に「仮」の表記を付け、発注前に必ず再確認をしてもらうように現場にお願いしている。

伝わる仕上表を

　仕上表には上記のほか、下地の種類や厚みなども記載する。特に床材などは、部位によっては隣り合う部屋と仕上材の厚みが異なる場合もあり、かさ上げのための捨て合板などが必要になったり、仕上げによっては下地材の指定が必要になったりすることもあるためだ。そのほか、板材を張る場合は節の程度や張り方など、施工上の注意があれば併せて記載するようにしたい。

　このように、仕上表の記載には決まったルールがあるわけではない。曖昧な表記を避け、設計者の考えを漏れなく記載することが最も大切だ。自身の経験を反映させながら、オリジナルの「伝わる仕上表」を作り上げてほしい。

壁		腰壁		備考	告示	天井
仕上	指定色	仕上	指定色			仕上
気密フィルム張り(外部まわりのみ) PBt12.5 クロス張り コート収納・背板: 気密フィルム張り 合板t5.5(W40@455) 捨て貼り(外部まわりのみ) シナベニヤ t5.5 無塗装				クロスAA: RH-9747 (スーパーハード・防汚タイプ)/ルノン		PB9.5 クロス張り
気密フィルム張り(外部まわりのみ) PBt12.5 クロス張り キッチン部、モザイクタイルt5.5張り (仮・スマート・SMG-86S(A) 色・水色/平田タイル) 吹抜け部、ベイツガ羽目板 W90×t10 定乱尺 無塗装/東京工営		一部(本棚造作)、 PBt12.5 コルクシート張り K-821/サンゲツ		クロスAA:同上 防汚目地材: 仮・スーパークリーン/LIXIL ホワイト#MJS/KS-11K		構造用合板(ノースタンプ) (※化粧面を天井仕上げとす 化粧梁あらわし 以上、すべ 一部、同上
気密フィルム張り(外部まわりのみ) PBt12.5 クロス張り 階段下収納部、シナベニヤt5.5 無塗装				クロスAA:同上		PB9.5 クロス張り
気密フィルム張り(外部まわりのみ) PBt12.5 クロス張り 一部、モザイクタイルt5.5張り (仮・スマート・SMG-86S(A) 色・水色/平田タイル) 一部、シナベニヤt3 SOP (色・未定)				クロスAA:同上 防汚目地材: 仮・スーパークリーン/LIXIL ホワイト#SS-11K		同上
気密フィルム張り(外部まわりのみ) PBt12.5 クロス張り 一部、シナベニヤt3 SOP塗装 (色:未定)				クロスAA: RH-9747 (スーパーハード・防汚タイプ)/ルノン		PB9.5 クロス張り
気密フィルム張り(外部まわりのみ) PBt12.5 クロス張り				同上		同上

決まっているもの、定番の使用は明記

品番だけでなく、色を書くと現場確認がしやすい

仮としておく

タイルの場合は 目地の指定も忘れずに

確定していないものは未定と書く

決まっているものは明記し、現場で再確認が必要なものには「仮」と表記しておく。またタイルなどは型番だけだと色をイメージしにくい。現場で照合しやすいように、色名や採用根拠となった機能性など補足情報も入れておく。

▲内部仕上表

▼外部仕上表

備考
※外壁仕上げ材は事前にサンプルを提出し、現場にて確認のこと セラミソフトリシン：(仮・特注色) 日塗工 22-75B)/エスケー化研 ※防火構造 H12建告1359第1第1号ハ(3)(ii)(イ)
レッドシダーパネリング： TG-1180 W80×t11/東京工営(ラフ面を表にすること) ※レッドシダー材は接着併用固定とする キシラデコール塗装色：仮・カスタニ
ガルバリウム鋼板色：ギングロ系
ガルバリウム鋼板色：同上

特注色であることを記載

法的な情報も押さえとして記載

注意事項

施工方法

板金はメーカー指定をせず色の系統を書く

こちらは立面図の下部に外壁などの仕上げを表記したリスト。重要なのは備考欄で、ここに備忘録代わりに注意事項や、設計者の持つ情報を開示して積極的に現場との情報共有を心がける。

内部仕上表

階数	室番	室名	天井高さ	床		巾木		備考	告示
				仕上	指定色	仕上	指定色		
1F	01	エントランス	2170〜2530	コンクリート増打ち　金ゴテ仕上げ 防塵塗装（セラミキュア/ABC商会） 一部、構造用合板t24下地 無垢フローリングt15 （ナラ（W90）/ユニ（ナチュラルグレード） /オイル塗装品）/エフトレーディング 担当：〇〇氏　080-0000-0000）		スプルス　無塗装 H=40　チリ5mm （土間部：タモ □F H=60　チリ5mm）			
	02	LDK	2163〜4700	構造用合板t24下地、無垢フローリングt15 （ナラ（W90）/ユニ（ナチュラルグレード） /オイル塗装品）/エフトレーディング		スプルス　無塗装 H=40　チリ5mm			
	03	個室	2170	同上		同上		階段下収納部： 構造用合板t24下地 合板t5.5捨て張り パーティクルボードt9.0 □	
.	04	WC	1530〜2170	同上		同上			
2F	01	階段室	–	段板：ナラ集成材t30 □F		なし		蹴上げ：メラミン化粧板 品番：K-6009KN（クロス	
	02	廊下	2150	構造用合板t24＋合板t18下地（配線スペース として）、無垢フローリングt15 （ナラ（W90）/ユニ（ナチュラルグレード） /オイル塗装品）/エフトレーディング		スプルス　無塗装 H=40　チリ5mm			
	03	主寝室	2150	同上		同上			
	04	WIC	2150	同上		目すかし6mm			
	05	洗面所	2150	同上		スプルス　無塗装 H=40　チリ5mm			
	06	浴室	2195	ハーフユニットバス（T□T□） type0（1600×1600）		なし			
LF	01	ロフト	1300	構造用合板t24下地、 パーティクルボードt9　無塗装		スプルス　無塗装 H=40　チリ5mm			

特記：・仕上表中に色番や品番の指定がある場合であっても、発注前に必ず監理者の確認・承認を受けること。
　　　・□F塗装：グロスクリアオイル　ウッドコート　クリア/プラネットジャパン
　　　・SF（ソープフィニッシュ）：ヴェネックス　※以上は事前に塗装打合わせを行う
　　　・使用建材（下地合板、接着剤、塗料等含む）はすべてF☆☆☆☆等級以上とする。

具体的な型番まで網羅された仕上表

壁 仕上	壁 指定色	腰壁 仕上	腰壁 指定色	備考	告示	天井 仕上	天井 指定色	備考	天井見切	告示
フィルム張り（外部まわりのみ）t12.5 クロス張り／収納・背板：フィルム張り 合板t5.5（W40@455）貼り（外部まわりのみ）ベニヤ t5.5 無塗装				クロスAA：RH-9747（スーパーハード・防汚タイプ）／ルノン		PB9.5 クロス張り		クロスAA：RH-9583（消臭タイプ）／ルノン	CP-910／創建	
フィルム張り（外部まわりのみ）t12.5 クロス張り／チン部、モザイクタイルt5.5張り・スマート・SMG-86S(A)（水色／平田タイル）け部、ベイツガ羽目板　0×t10 定乱尺 無塗装／東京工営		一部（本棚造作）、PBt12.5 コルクシート張り K-821／サンゲツ		クロスAA：同上／防汚目地材：仮・スーパークリーン／LIXIL ホワイト#MJS／KS-11K		構造用合板（ノースタンプ）あらわし（※化粧面を天井仕上げとすること）化粧梁あらわし 以上、すべて無塗装 一部、同上		同上	同上	
フィルム張り（外部まわりのみ）t12.5 クロス張り／下収納部、シナベニヤt5.5 装				クロスAA：同上		PB9.5 クロス張り		クロスAA：RH-9583（消臭タイプ）／ルノン	CP-910／創建	
フィルム張り（外部まわりのみ）t12.5 クロス張り／、モザイクタイルt5.5張り・スマート・SMG-86S(A)（水色／平田タイル）、シナベニヤt3 SOP（未定）				クロスAA：同上／防汚目地材：仮・スーパークリーン／LIXIL ホワイト#SS-11K		同上		同上	同上	
フィルム張り（外部まわりのみ）t12.5 クロス張り／、シナベニヤt3 SOP塗装（未定）				クロスAA：RH-9747（スーパーハード・防汚タイプ）／ルノン		PB9.5 クロス張り		クロスAA：RH-9583（消臭タイプ）／ルノン	CP-910／創建	
フィルム張り（外部まわりのみ）t12.5 クロス張り				同上		同上		同上	同上	
フィルム張り（外部まわりのみ）t12.5 クロス張り／、PBt12.5 AEP ーテックス／大日本塗料株式会社 未定／、シナベニヤ（3×8板）t5.5 SF				クロスAA：RH-9747（スーパーハード・防汚タイプ）／ルノン		同上		同上	同上	
フィルム張り 合板t5.5（W40@455）貼り（外部まわりのみ）ベニヤ t5.5 無塗装 かし（3mm）張り						シナベニヤt5.5 無塗装 目すかし張り		目すかし 6mm（壁がち）		6
フィルム張り（外部まわりのみ）t12.5 クロス張り／、モザイクタイルt5.5張り・スマート・SMG-86S(A)色・水色 田タイル				クロスAA：RH-9747（スーパーハード・防汚タイプ）／ルノン／防汚目地材：仮・スーパークリーン／LIXIL ホワイト#SS-11K		気密フィルム張り（防湿のため）ベイヒバ羽目板張り 100×t8／エフトレーディング			なし	
フィルム張り（外部まわりのみ）下地t24（防腐処理品）、気密フィルム張り（水処理として）、通気ヨコ胴縁t18 ヒバ羽目板 100×t8 OF フトレーディング／、モザイクタイルt5.5張り・スマート・SMG-86S(A)色・水色／平田タイル		羽目板は継ぎ目なしで張ること 節のある材ははねること		防汚目地材：仮・スーパークリーン／LIXIL ホワイト#SS-11K		気密フィルム張り（防湿のため）ベイヒバ羽目板張り 100×t8／エフトレーディング		羽目板は継ぎ目なしで張ること 節のある材ははねること	目すかし 6mm（天井がち）	6
フィルム張り（外部まわりのみ）t12.5 クロス張り				クロスAA：RH-9747（スーパーハード・防汚タイプ）／ルノン		PB9.5 クロス張り		クロスAA：RH-9583（消臭タイプ）／ルノン	CP-910／創建	

Archtect 株式会社 リオタデザイン
一級建築士第286709号 関本竜太
一級建築士事務所 埼玉県知事登録第9368号
埼玉県志木市本町6-21-40 TEL.048-471-0260

Project: KOTI
Drawing Title: 内部仕上表
Scale:
Date: 18/12/01
Job No.:
Drawing No.: 09
Rev.:

15　建具表は情報を集約する

金属建具はメーカー表記に注意

　建具表に表記する建具には大きく分けて「金属建具」と「木製建具」がある。同じ建具表に記載する建具でも、その性格や製作する業種が異なるため、図面表記のうえでもその点は整理して考えなくてはならない。

　金属建具は、住宅ではアルミサッシュなどがそれにあたる。サッシュの場合は大手メーカーでも各社で微妙に仕様が異なり、特注の寸法範囲やオプション品についてもメーカーごとに決められている。このことを逆手にとって、ちょっとした裏技のようにしてオプション品を使うこともある。

　アルミサッシュの場合、同一サイズでも「製品寸法（W/H）」と「枠内寸法（w/h）」は別表記になっている。設計者が図面に表記するのは、実際の仕上がり寸法である「枠内寸法」であるが、見積書や発注図などでは「製品寸法」で表記されることも多いので、混同しないように注意が必要だ。

　またテラス戸などの開き戸についても、我々の建具表では内観姿図を表記しているが、現場での発注図には外観吊元で記載されるため、これを発注時のチェックで見落とすと現場に逆吊元の扉が納品されることになる。何を隠そう、我々がやらかしたことのある失敗である。

木製建具はニュアンスの共有が要

　一方、造り付けの木製建具は、現場に木枠等が取り付いた時点で採寸が行われる。建具屋による工場製作となるため、ニュアンスの共有が事前に十分に行われていないと、寸法こそ合っていても大手などの細かい部位の精度や仕舞いに思い違いが起きやすい。

　木製建具は内部の仕上がりを決定づける要のアイテムだ。我々は建具屋が現場に採寸に来たタイミングで、監督も立ち会いのもとで建具打合せを行い、各建具仕様の十分な読み合わせを行っている。これは非常に重要なプロセスで、図面には織り込みきれない細部のニュアンスや設計意図などについて直接説明することで、彼らから製作上の提案を受けやすくなる。

　こうした蓄積を活かすためにも、木製建具はなるべく指定の業者に依頼したい。工務店が変わっても同じ建具屋に発注し続けることで、少ない労力で安定したクオリティに仕上げることができるからだ。

現場が欲しいのはヒント

　我々の建具表で特徴的なことがもう1つある。それは枠回りの情報も含めて建具表に描き込むということである。

　建具表には、各建具の情報と合わせて各部の木枠情報も記載される。現場監督や大工さんはこれを見て枠材の選択や枠加工を行う。どれも単純な枠形状ばかりであればいいが、イレギュラーな枠納まりがある場合はどうやってそれを伝えればよいだろう。

　一般的には別途枠廻り詳細図を起こすことになると思うが、我々はなるべく図面を分けないで、建具表の中だけに極力その情報をまとめたいと思っている。それは情報は分けずに集約すべきだと考えている（「04　読み手の読み方を想像する」参照）ことに加え、現場は必ずしもすべての枠廻り詳細を知りたいわけではないことがその理由だ。共通ルールやピンポイントの寸法、いわゆる"ヒント"さえあれば円滑に現場は進むのである。

| 14 | 890 | 200 | 88 | 1 | 材 | 寸法 | 三方枠 25×130 チリ25mm
上枠クロス巻き込み | | | | | | 材 |

記号	部位	（1F）エントランス
WD1 18	開閉方式　種類	片開きフラッシュ戸
	材質　仕上	レッドシダー縁甲板フラッシュ　縦張り （外壁共材W80（10枚分）・ラフ面をおもてとする） キシラデコール塗装（色：仮・カスタニ）
	吊金物	SUS丁番 3箇所　　**注意点を記載**
	引手金物　ロック方式	LBR-SH-S錠（BS-51）、補助錠1311D／堀商店
金物類も漏れなく→	雑金物	SUS沓摺 J-20×40 t2.0 ドアガード RH-002 サチライト／リョービ ドアクローザ リョービ20シリーズ（シルバー）ストップ付 ドアスコープ No.563クローム／ベスト 戸当たり UT-2F-HLN／ユニオン ピンチブロック（三方戸当り取付）#7-TS／ピンチブロック スーパータイト（下カマチ用）No.558-2LW／ベスト
	備考	

記号	部位	（1F）エント
WD2 19	開閉方式　種類	ナラ柾目・
	材質　仕上	ナラ柾目・
	吊金物	吊レール AF ※将来の戸外 開口寸法Wで 吊り車：FC トリガー：F
	引手金物　ロック方式	ナラ引手25
	雑金物	戸先・回転 L=60mm 下部ガイド
	備考	扉大手：ナラ

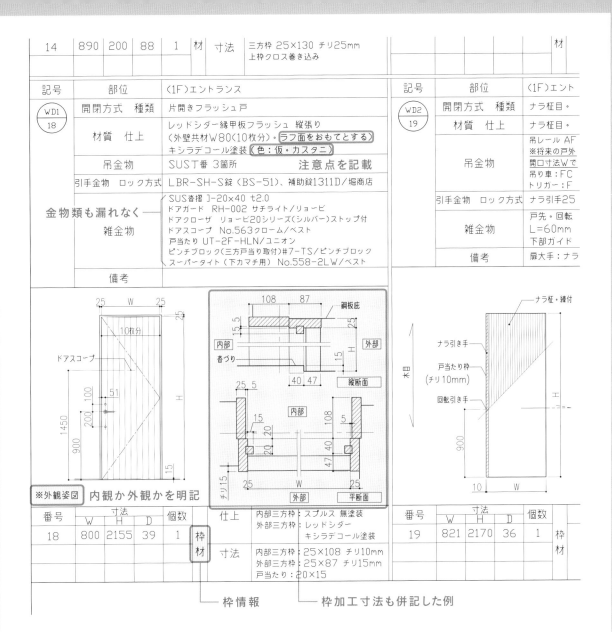

※外観姿図　**内観か外観かを明記**

枠情報

枠加工寸法も併記した例

番号	寸法 W	H	D	個数	
18	800	2155	39	1	枠材

仕上	内部三方枠：スプルス　無塗装 外部三方枠：レッドシダー 　　　　　　キシラデコール塗装
寸法	内部三方枠：25×108 チリ10mm 外部三方枠：25×87 チリ15mm 戸当たり：20×15

番号	寸法 W	H	D	個数	
19	821	2170	36	1	枠材

建具製作に関わる情報を網羅すると同時に、建具を吊り込むための枠情報なども記載する。枠形状などが特殊になる場合は、寸法の概略を示し、それ以上の詳細は現場の施工図等で確認するようにする。

現場では建具屋を交えた製作打合せを行う。建具表の内容の読み合わせとともに、細部についてのニュアンスの共有や希望を伝えて、積極的に意見交換を行いたい。

16 | 矩計図はルールブック

二次元情報に生命を吹き込む

建築の図面において最も重要な図面の双璧は平面図と、もう1つは断面図だろう。二次元情報としての平面図に、高さ方向の寸法を与えることで、建築は三次元の空間となる。平面図は諸室のゾーニングや動線など建築における機能的な整理を担うものであるが、断面図はそれらに造形という生命を吹き込むものともいえる。

一般的に建物の高さは室内空間の機能的要請や、斜線制限のような法的条件などから決定されることも多いが、そのような諸条件（状況証拠）の積み重ねだけでなく、その敷地に建つ建物の佇まいやあり方など、建築的な視点からもその高さは検証されなくてはならない。

この断面計画における、より詳細なスペックや寸法情報などを網羅したものを、実施設計においては矩計図と呼ぶ。こと住宅においては、矩計図は建物の高さ方向の基準やあり方を決定し、施工においては最も重要なルールブックのような役割を果たす。そのため、実施設計においては、平面図が描けたら、次に取りかかるべき図面は矩計図ということになる。

矩計図で押さえるべきポイント

矩計図において押さえるべき部分は、大別すると「基礎〜土台まわり」「バルコニーや浴室などの防水まわり」「屋根〜軒先まわり」に集約される。

まず「基礎〜土台まわり」にあたっては、地盤に応じた適切な基礎形式の選択（ベタ基礎、布基礎、地盤改良の有無）、根入れ深さ、基礎立上がり高さ、断熱方法、床組みの選択といった各種の判断が作図において求められる。基本的には住宅瑕疵担保責任保険の設計基準は最低限クリアすることを念頭に、

建物の固有条件を勘案して各所の仕様や寸法を適宜決定してゆく。

「バルコニーや浴室などの防水まわり」においては、同様に住宅瑕疵担保責任保険で定められた防水立上り寸法等を確保したうえで、出入りの際の室内からの"またぎ寸法"をいかに最小限に抑えるかなど、架構を工夫しながら注意深く各所の寸法を納めてゆく。配管等の取り回しについても同様だ。

「屋根〜軒先まわり」は設計者の個性が表れやすく、建物の意匠を決める要となる部位だ。これはのちの小屋伏図や軸組図といった作図における重要な布石にもなる。軒樋の納まりや、垂木や屋根構面の合板を梁にどう固定するかなどを考えながら、納まりや寸法を決定する。

また市街地では軒先が厳しい斜線制限にさらされることも多い。設計者としてはついぎりぎりまで攻めたくなってしまうが、現場での施工誤差も考慮すれば、できれば斜線に対して100mm程度のクリアランスは設けておきたいところだ。

すべてを統合する図面を

上記のような問題は断面を描くことで初めて可視化される。現場に入ってから致命的な問題が起きないようにするためには、図面レベルでいかに問題を未然につぶしておけるかが重要となる。

矩計図は、体に例えれば体幹ともいうべき図面といえる。よく練られた平面と整合の取れた矩計さえ描ければ、設計品質の過半は保証されたようなものだ。意匠はもちろんのこと、構造や断熱、設備、法規などすべてを統合する精度の高い矩計図の作図を心がけたい。

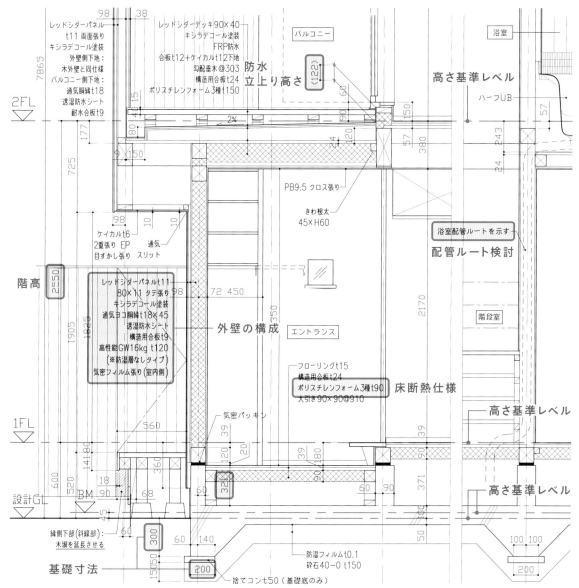

レッドシダーパネル
t11 両面張り
キシラデコール塗装
外壁側下地：
木外壁と同仕様
バルコニー側下地：
通気胴縁t18
透湿防水シート
耐水合板t9

レッドシダーデッキ90×40
キシラデコール塗装
FRP防水
合板t12+ケイカルt12下地
勾配垂木@303
構造用合板t24
ポリスチレンフォーム3種t150

バルコニー

防水
立上り高さ

(122)

高さ基準レベル

浴室

ハーフUB

2FL

PB9.5 クロス張り

きわ根太
45×H60

階高

ケイカルt6
2重張り EP
目すかし張り スリット

通気

浴室配管ルートを示す

配管ルート検討

外壁の構成

レッドシダーパネルt11
80×11 タテ張り
キシラデコール塗装
通気ヨコ胴縁t18×45
透湿防水シート
構造用合板t9
高性能GW16kg t120
(※防湿層なしタイプ)
気密フィルム張り(室内側)

エントランス

階段室

フローリングt15
構造用合板t24
ポリスチレンフォーム3種t90
大引き90×90@910

床断熱仕様

高さ基準レベル

1FL

気密パッキン

高さ基準レベル

設計GL

BM

縁側下部(斜線部)：
木塀を延長させる

基礎寸法

防湿フィルムt0.1
砕石40-0 t150

捨てコンt50(基礎底のみ)

▲矩計図　S＝1/30

基礎まわりや防水立上げの守り寸法などに気を配
りながら、各所の意匠寸法を決定する。無駄や破
綻のないよう、梁成や床高など架構との調整を慎
重に行いながら作図を進める。配管やダクトルー
トが際どい部位は、矩計図上でもルートを検討し
ておくとよい。

矩計図のスケールでも描ききれない部分詳細は、
図面を分けて描くよりも同一図面内に記載する
と、当該矩計図とのリンクが取りやすく、施工上
も間違いが起こりにくい。当該図は、矩計図の余
白部に記載したもの。

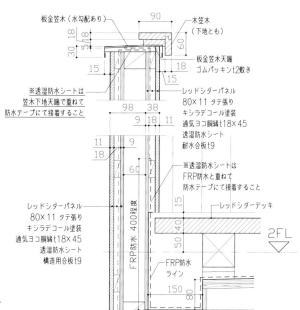

板金笠木(水勾配あり)

木笠木
(下地とも)

板金笠木天端
ゴムパッキンt2敷き

※透湿防水シートは
笠木下地天端で重ねて
防水テープにて接着すること

レッドシダーパネル
80×11 タテ張り
キシラデコール塗装
通気ヨコ胴縁t18×45
透湿防水シート
耐水合板t9

※透湿防水シートは
FRP防水と重ねて
防水テープにて接着すること

レッドシダーデッキ

レッドシダーパネル
80×11 タテ張り
キシラデコール塗装
通気ヨコ胴縁t18×45
透湿防水シート
構造用合板t9

FRP防水 400程度

FRP防水
ライン

FRP防水ライン

2FL

バルコニー手摺り部分詳細図　S＝1/10▶

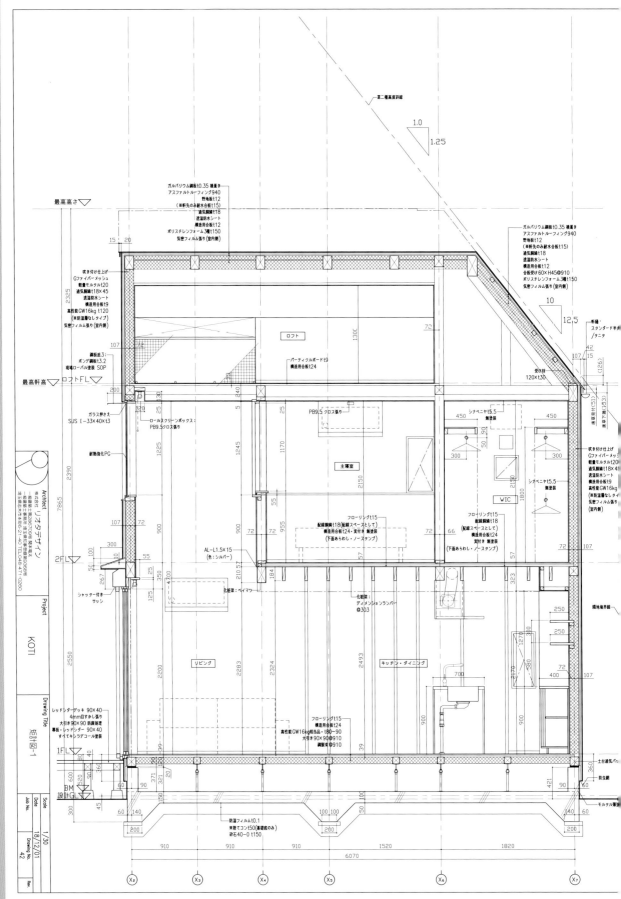

※図面は60%に縮小してい

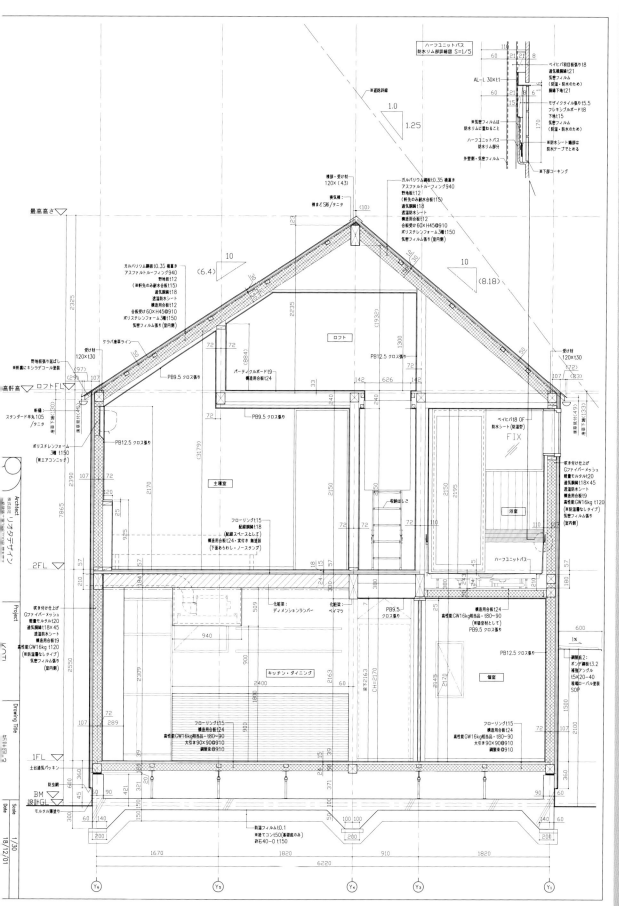

ハーフユニットバス
防水リム部詳細図 S=1/5

ベイヒバ羽目板張り t8
通気横胴縁 t21
気密フィルム
（制湿・防水のため）
胴縁下地 t21

AL-L 30×t1

モザイクタイル張り t5.5
フレキシブルボード t8
下地 t15
気密フィルム
（制湿・防水のため）

※気密フィルムは
防水リムに重ねること

ハーフユニットバス
防水リム部分

外壁側・気密フィルム

※防水シート継部は
防水テープでとめる

下部コーキング

※道路詳細

1.0

1.25

棟部・受け材
120×（43）

換気棟
（棟まどSII®/タニタ）

（10）

ガルバリウム鋼板 t0.35 横葺き
アスファルトルーフィング940
野地板 t12
（軒先のみ耐水合板 t15）
通気胴縁 t18
透湿防水シート
構造用合板 t12
合板受け 60×H45@910
ポリスチレンフォーム 3種 t150
気密フィルム張り（室内側）

最高高さ

10
(6.4)

10
(8.18)

ガルバリウム鋼板 t0.35 横葺き
アスファルトルーフィング940
野地板 t12
（※軒先のみ耐水合板 t15）
通気胴縁 t18
透湿防水シート
構造用合板 t12
合板受け 60×H45@910
ポリスチレンフォーム 3種 t150
気密フィルム張り（室内側）

ロフト

PB12.5 クロス張り

受け材
120×t30

ケラバ唐草ライン

野地板張り延ばし
※軒裏にキシラデコール塗装

PB9.5 クロス張り

受け材
120×t30

パーティクルボード t9
構造用合板 t24

PB9.5 クロス張り

ロフトFL

高軒高

ポリスチレンフォーム
3種 t150
（※エアコンニッチ）

PB12.5 クロス張り

軒樋
スタンダード半丸105
/タニタ

ベイヒバ t8 0F
防水シート（防湿型）

FIX

吹き付け仕上げ
Gファイバーメッシュ
軽量モルタル t20
通気胴縁 t18×45
透湿防水シート
構造用合板 t9
高性能 GW16kg t120
（※防湿層なしタイプ）
気密フィルム張り（室内側）

主寝室

浴室

2FL

フローリング t15
配線胴縁 t18
（配線スペースとして）
構造用合板 t24・実付き無垢板
（下面あらわし・ノースタンプ）

収納はしご

ハーフユニットバス

吹き付け仕上げ
Gファイバーメッシュ
軽量モルタル t20
通気胴縁 t18×45
透湿防水シート
構造用合板 t9
高性能 GW16kg t120
（※防湿層なしタイプ）
気密フィルム張り（室内側）

化粧梁：
ディメンションランバー

化粧梁
ベイマツ

PB9.5
クロス張り

構造用合板 t24
高性能 GW16kg相当品・t80~90
（単層配線材として）
PB9.5 クロス張り

キッチン・ダイニング

個室

PB12.5 クロス張り

940

900

調整紙2：
ボンデ鋼板 t3.2
補強アングル
t5×20~40
現場ローバル塗装
SOP

1%

600

1FL

土台通気パッキン

防虫網

BM
設計GL

モルタル刷毛塗り

フローリング t15
構造用合板 t24
高性能 GW16kg相当品・t80~90
大引き 90×90@910
鋼製束@910

フローリング t15
構造用合板 t24
高性能 GW16kg相当品・t80~90
大引き 90×90@910
鋼製束@910

防湿フィルム t0.1
※捨てコン t50（基礎底のみ）
砕石40-0 t150

1670   1820   910   1820
6220

Y6   Y5   Y4   Y3   Y1

Archtect
株式会社 リオタデザイン

Project

Drawing Title

Scale 1/30

Date 18/12/01

※図面は60%に縮小しています

17 | 現場との対話を織り込む

出世魚のように変わる図面の役割

　設計にはそれぞれの進捗ステージに応じて様々な図面が存在し、出世魚のようにその名を変えてゆく。たとえば、設計を依頼していただくために最初に提示する図面が「プレゼン図面」だとすると、建て主のご要望を織り込みながら案をブラッシュアップさせていくステージでは、その図面は「基本図面」となる。ここまでは、図面はいわば建て主との情報共有がそのメインの役割となるが、次のステージではそれを実際に建てるために、技術的な検討を重ね具体的な仕様を決めてゆく。そこで描かれる図面が「実施図面」と呼ばれるものになる。

　「実施図面」が先の「プレゼン図面」や「基本図面」と大きく異なるのは、建て主さんに向けて描かれたものではなく、基本的に現場に向けて描かれたものであるということだ。

　基本図面が建て主さんとの「往復書簡」なら、実施図面は現場に向けた「指示書」であり、「コミュニケーションツール」であるといえる。

図面には悩みや迷いも織り込む

　図面を描くのは、黙々とした地味な作業だ。しかし、言葉こそ発しないものの、設計者の頭の中には無数の悩みや、矛盾の解決に向けた思考が渦巻いていて、それらを整理しながら1本1本の線を紡ぎ出してゆく。

　ここで陥りやすいのが、設計プロセスを自己完結してしまい、導かれた"結果"だけを図面に表現してしまうことである。受け取った相手（現場）には設計者の考えを読み取る手がかりが残されておらず、ただ図面を鵜呑みにするほかない。あなたは相手に鵜呑みにさせてしまっていいほどの、疑いようのない図面を描けている自信はあるだろうか？

　自己完結した図面は、途中の計算過程が記されず、答えだけが書かれた数学の答案用紙のようなものである。もしそこに"計算式"が添えられていれば、解答の経緯を検算によって検証することができる。つまり、解答者の考え方をシェアできるのだ。図面も同じである。

　図面は決定事項だけを描くものではない。設計者はその設計プロセスや寸法決定における根拠、時に設計時の迷いや疑問ですらもそこに吐露し記述すべきだ。それこそが現場との共有事項であり、一緒に最善の解決に向けて知恵を絞ってもらえる貴重な問題提起になるのである。

現場のFAQを先回りする

　常に悲観的な立場に立ち、相手が勘違いをするだろうという前提から、それが起こらないようにするための"転ばぬ先の杖"を示すのが、図面を描くうえでの鉄則である。おおよそ、自分にとっての常識は他人にとっての非常識であると思っておいた方がよい。

　現場監理の経験を重ねると、現場からよく尋ねられる質問（FAQ）もわかってくる。それを先読みして考えを先に示しておけば、現場に入ってから無駄な質疑に時間を取られることはない。電話やメールの嵐に忙殺されることもなく、設計者は心置きなく次の設計に集中でき、現場も目の前の工程や段取りに注力できるようになるのだ。それこそ、設計者と現場が本来築くべき対等な関係であろう。

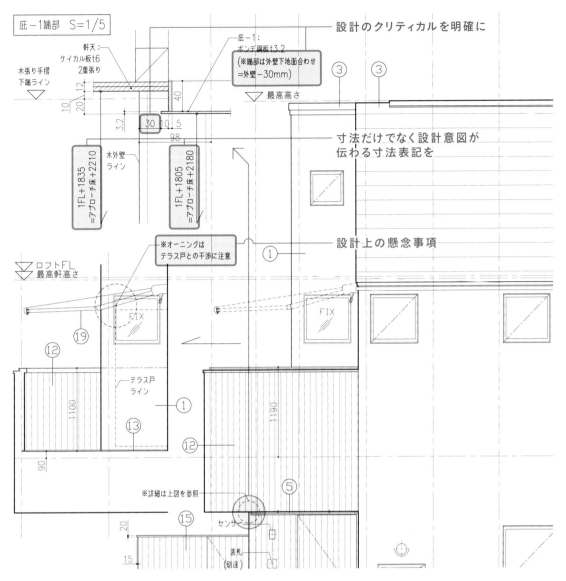

庇−1端部　S=1/5

設計のクリティカルを明確に

軒天：
ケイカル板t6
2重張り

庇−1：
ボンデ鋼板t3.2
（※端部は外壁下地面合わせ
＝外壁−30mm）

木張り手摺
下端ライン

▽ 最高高さ

③ ③

寸法だけでなく設計意図が
伝わる寸法表記を

木外壁
ライン

1FL+1835
＝アフロ−チ床+2210

1FL+1805
＝アフロ−チ床+2180

設計上の懸念事項

①

※オーニングは
テラス戸との干渉に注意

▽ ロフトFL
最高軒高さ

FIX

FIX

⑫

⑲

テラス戸
ライン

1100

①

⑬

1190

⑫

90

※詳細は上図を参照

⑤

⑮

20

センサー

表札
（別途）

15

▲立面図　S＝1/50

結果としての寸法だけではなく、基準レベルから
の換算値まで明記することで、現場で検算しやす
くしている。また設計上重要な寸法の場合は、押
さえとなる基準ポイントを明確に記載する。

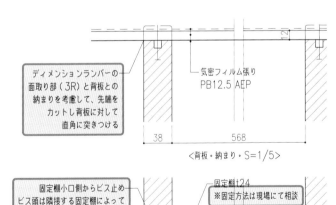

ディメンションランバーの
面取り部（3R）と背板との
納まりを考慮して、先端を
カットし背板に対して
直角に突きつける

気密フィルム張り
PB12.5 AEP

38　568

＜背板・納まり・S＝1/5＞

固定棚小口側からビス止め
ビス頭は隣接する固定棚によって
隠蔽させる

固定棚t24
※固定方法は現場にて相談

24

固定棚小口側から
ビス止め不可の
箇所は縦桟にホゾを
固定し、固定棚小口を
しゃくりこみ固定する

多少文字情報が多くなっても、ヒントは多い方が
現場にとって良い。固定の仕方について、設計者
側の考えを迷いも含めて共有する。

38　568

＜固定棚納まり・S＝1/5＞

本棚詳細図　S＝1/5▶

リオタデザイン的設計とは

建て主に多い職業は？

我々に依頼してくださる建て主のご職業は、SE（システムエンジニア）とグラフィックデザイナーの方が突出して多い傾向にあります。

SEについてはなんとなく理解できます。お仕事の内容を聞くと、扱う対象こそ違えど、設計事務所と極めて類似性の高い職種だと思えるからです。そのためか、建て主の我々の仕事に対する理解度も高いのが特徴です。

一方のグラフィックデザイナーはどうでしょうか？　片や二次元、こちらは三次元を扱う仕事ですから、同じデザインに携わっているとはいえずいぶんとフィールドが違うような気がします。実は本書で取り上げているKOTIという住宅の建て主もグラフィックデザイナーなのでした。

しかし、グラフィックデザイナーという職能をもつ方に支持される仕事である点が、実は我々リオタデザインの仕事の特徴を表している気がします。それは、我々の仕事がある意味で「図面主義」である点とも無関係ではないかもしれません。

本書では様々な観点から実施設計図面の描き方やあり方について論じていますが、私の知る限り、ほかの事務所の図面と比べても、我々の図面は描き込みや情報量が多いほうだと思います。それなのに、できあがると図面の密度を感じさせない、極めてシンプルな空間になります。

膨大な情報量を扱いながらも、主張を明確にするために足し算や引き算を繰り返すという点で、我々の設計はグラフィックデザインの仕事と類似性があるともいえます。

展開図にすべてを込める

実施図面のうち、我々が最も力を注ぐ図面は「展開図」です。三次元の空間も、分解すればすべて二次元の平面情報へと還元されるわけですが、そのうち室内の空間情報を網羅したものが展開図ということになります。

住宅で最も大切なのは内部空間です。その展開図を、我々は綿密に、膨大な情報を編み込むようにして設計してゆきます。各壁面に取り付く窓や造作、設備機器などが、機能的にも美観的にも整理され、絶妙な位置に配置されていると、人はそこにある種の“気持ち良さ”を感じるものです。快適性を感じる空間の裏側には、こうした無数の配慮がミルフィーユのように積み重ねられた図面の存在があるのです。

職人的な設計アプローチ

　もう1つ我々の設計の特徴として、職人的な設計アプローチという側面があります。ただ作図にこだわるというよりも、現場の職人と同じ目線でノミを握ったり、ビスを打ったりするようにして設計する感覚とでも言うのでしょうか。

　我々はそれを現場がどのような段取りで作るのか、どういう職人が作るのかにまで想像力を働かせながら図面を作成します。

　たとえば収納1つとっても、それを家具屋が作るのか、大工が作るのかでも、段取りや納め方がまったく異なります。もう少し言えば、同じ家具屋でも我々の頭にはいつも指名する特定の家具屋があり、その技量をイメージして図面を作成します。その辺りの施工イメージが頭に入っていなければ、図面に描いた線も絵に描いた餅にしかならないからです。

　現場に入ったらその"答え合わせ"が始まります。現場と設計はこの絶え間ないフィードバックの上にあるのです。

　冒頭には建て主のご職業について書きましたが、実に綿密に図面を読み込む方が多いのも我々に依頼される建て主の特徴の1つです。

　ある方は図面を通勤カバンに忍ばせ、ある方はPDF化してスマホに入れ、またある方は夜に晩酌をしながら眺め、とその図面の楽しみ方（？）も人それぞれです。建て主にとっても、我が家の設えや詳細がどうなっているのか、我々の図面にはそれが網羅されているので読み応えがあるのでしょう。

　建て主は我々を写す鏡とも言えるかもしれません。「類は友を呼ぶ」といっては失礼ですが、研究熱心な建て主が多いことは我々にとっては大変光栄なことだと思っています。

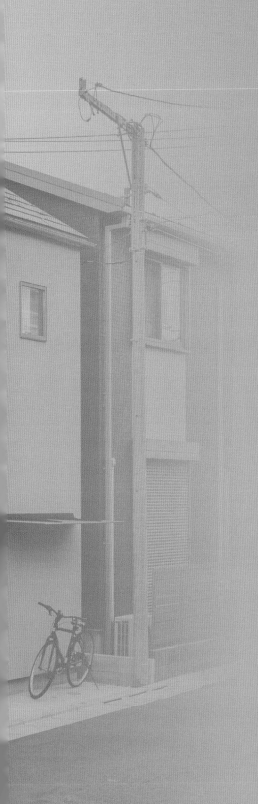

Ⅲ

設計にフィードバックするための勘所

18 | 快適な寸法は身体感覚から

尺モジュールとメーターモジュール

日本には尺貫法と呼ばれる伝統的な建築モジュールがある。「起きて半畳寝て一畳」との言葉通り、畳のサイズは昔の人にとっての寝床寸法であったようだ。

日本人の体型がこんなに大きくなってしまった今となっては、寝床が畳サイズでは窮屈だろうし、鴨居の高さも1.8mでは頭をぶつけてしまう。現代では寝床は畳サイズからメーターモジュールのベッドになり、建具の高さも2m以上が標準となった。それでも尺モジュールは、現代の住宅にも合板や建材の基本寸法として根強く残っていて、それを崩せば途端に歩留まりが悪くなり、不合理な建て方になってしまう。

このように、日本の住まいというのは平面寸法に尺モジュールの縛りをいまだに残しながらも、そこで営まれる生活は西洋的生活であり、日本人の体型もまた西洋化しているという、実にちぐはぐな状況になっているということを頭に入れておかなくてはならない。

身体感覚は唯一の統一単位

こうした尺モジュールとメーターモジュールが混在した現代の住まいにおいては、そのちぐはぐさを調停するために、ある種の統一単位のようなものが必要になってくる。私はそれが身体感覚であると思っている。

設計者であればデスクの上やカバンの中など、あらゆるところにスケール（コンベックス）を忍ばせていることだろう。たとえば、テーブルを配置するとき壁からどのくらい離せばよいかは、実際に自ら椅子に座り、壁際との距離を測ってみればすぐにわかる。吊戸棚はどのくらいの高さであれば使いやす

いのかが知りたければ、設計資料を当たるよりも、その場で立ち上がり、スケールを片手にシミュレーションしてみればいいことだ。単純だが、私はこれが一番間違いのない設計検証法だと思っている。ところが、設計の初学者に限ってこれをやらない人が実に多い。

寸法決定は目線の高さを手がかりに

たとえば窓の位置を決めるときにも、この検証法は大いに役立つ。大人が立った姿勢で眺めるのか、座った姿勢で眺めるのかによっても窓の高さや大きさは変わってくる。絵の額縁のように、竣工後にも生活者がその位置を自由に動かせたらどんなに良いだろうと思うのだけれど、実際にはそれはできない。だから我々はスケールを片手に、図面と現実との間を行ったり来たりしながら、その位置をシミュレーションしながら導いてゆくことになる。これこそが設計行為そのものなのだ。

KOTIは住宅密集地に位置するため、隣家や通りからの目線にも配慮する必要があった。目隠しのために木塀を設けたが、この高さの決定は大変悩ましかった。隣家からの目線を切ることだけを考えて決めると、通りからは威圧感のある高さの塀になってしまう。

通りからも威圧感のない高さと、室内からの見え方のバランスについて、図面だけでなく現場でも何度も検証を繰り返して高さを決めた。作図上の寸法だけで決めてしまうと、できあがった際に感覚とのギャップが大きく出てしまうことがあるためだ。

設計では、そこで生活する人の目線を常に意識し、感覚を研ぎ澄ませて寸法と身体感覚を一致させるよう心がけたいものだ。

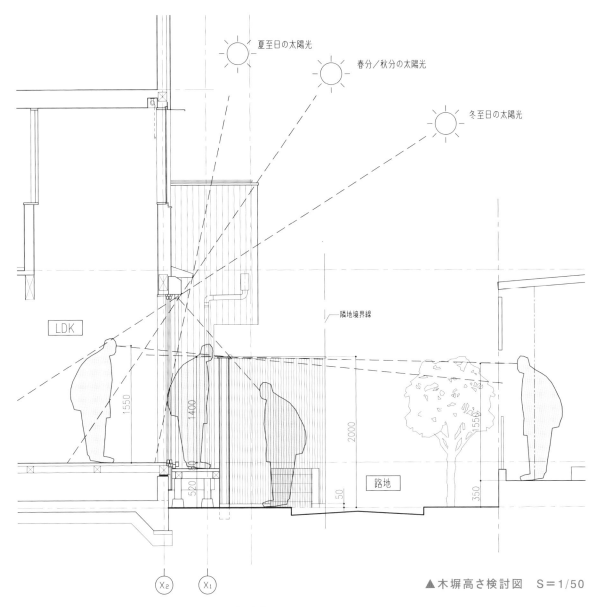

夏至日の太陽光

春分／秋分の太陽光

冬至日の太陽光

LDK

隣地境界線

1550

1400

2000

1550

520 80

50

350

路地

X₂ X₁

▲ 木塀高さ検討図　S＝1/50

木塀の高さを決めるにあたって、通りを歩く人の目線や、家の内外からの
目線について検討した図面。同時に太陽の入射角についても検討している。

更地の状態で敷地にスケールを立てて、木塀が実際に路面からのどのくらい
の高さになるのかをシミュレーションしている。図面寸法とのギャップを
調整する。

外構工事に入る前に、現場でベニヤ板を持って立ってもらった。隣家側か
らの目線について最終確認を行っている。

室内から路地側へと視線が抜けるリビング。
通行人と隣家からの視線をぎりぎり切る高
さの木塀

19 | 設計に活かせる
敷地写真の撮り方

敷地とその周辺との関係性を残す

敷地に足を運んだ際にどこを見るかというのは人それぞれかもしれないが、押さえるべきポイントはいくつかあり、それによってどこを写真に収めるかも決まってくる。

まず敷地に初めて足を運んだ際は、細かいことは考えず、まずは建て主と同じ目線で敷地の雰囲気を五感で感じたい。

次に敷地全体を「引き」で写真に収める。これは隣家の位置や、視線の抜け方などをのちに検証するにあたっても重要な手がかりとなるのだが、よく陥るミスは敷地に行って部分の「寄り」ばかりを収めてしまうというケースである。

これは撮影者自身の注意や関心が細部に向かっているためだが、木を見て森を見ずということにならぬよう、「引き」と「寄り」はバランス良く撮影を行うよう心がけたい。

また当該敷地のみならず、周辺環境において面白いと思ったり、心に引っかかったりするものがあればこちらも収めておくとよい。敷地そのものはただの更地でしかないが、設計上で重要な要素はその周辺に存在していることを忘れてはいけない。

敷地境界と境界塀を押さえる

敷地写真において「寄り」で収めたいポイントの1つが、敷地各ポイントの境界プレート（または杭）である。境界プレートは境界塀の上部に付けられていたり、あるいは杭などが塀の下部に埋まっていたりすることもある。それらを各ポイント確認するとともに、それが境界塀の中心（芯積み）なのか、外側（外積み）または内側（内積み）なのかも注意深く観察し、写真に収めておく。

当該塀が敷地内にある場合は、コンクリートブロック（CB）塀などであればその高さによっては法の遡及を受け、控壁などを設けなくてはいけなくなることもある。

またCBは、数をかぞえるだけで高さや長さを割り出すことのできる便利な指標になるため、CBを多く含む写真で残しておくと、後日写真判定が行いやすくなる。

それ以外にも現況塀の状態によっては、のちにトラブルになったり、プレートが外れたり破損したりすることもあるため、現況写真は多めに残しておきたい。

ライフラインの記録とツールの活用

次に検証するのはライフラインである。上下水道やガスの設備・引込みなどが敷地内にあるかどうかを目視で確認する。

上水道なら量水器、下水道なら最終桝が敷地のどの位置にあるかも写真に収めておこう。上下水道の引込みがないと工事が別途必要になるほか、下水の最終桝位置を押さえておかないと不合理な設備計画になることもある。また分譲地などでは雨水浸透設備が埋設されていることもあり、利用する場合は建物位置とかぶらないようにその桝位置なども実測とあわせて写真に残しておくとよい。

また最近では360°カメラ（Theta／リコー）などもあり、専用アプリを使うことで敷地状況を余すことなく記録することもできる。

くまなく撮ったつもりでも、撮り忘れは必ずあるものだ。遠方の敷地だと頻繁には足を運べない。写真は様々なツールを併用しつつ多めに撮ることをお勧めしたい。

敷地全景。なるべく周辺環境を多く含むように撮る。特に建物の
メインファサードとなる方向からは念入りに。

北東側前面道路より。

境界プレート。少しズレがあるが左側のブロックは芯積み（共有塀）。外
構工事などで外れてしまうこともあるので現況位置の記録を残しておくと
よい。

隣家側の道路セットバック部。このようにスケールを入れて撮っておくと、
あとから検証しやすい。

道路側最終枡。最終枡らしきものが2つ並んでいて疑問に思ったが、1つ（右側）は隣家のものであることが後日調査で判明した。

このように360°カメラで記録を残しておくと、のちに検証しやすい。EOPANなどのソフトで閲覧できる（この写真は別敷地のもの）。

当該敷地エリアに入る路地の入口。この路地の先に敷地があるというわくわくした気持ちに任せて撮影した写真。こういう敷地の第一印象はのちの設計にも影響を与える。

敷地の反対側の路地。左側が敷地。

20 | 正確な設計は
敷地レベルの把握から

ベンチマークと設計 GL の設定について

　目視では平滑に見える敷地でも、完全に平らな敷地はこの世に存在しない。実際に測量してみると、平らに見える敷地でもびっくりするくらいの高低差が存在していることがわかる。そんな不陸のある敷地の中で、設計者は一体どこを基準に建物のレベルを決めてゆけばよいのだろうか。

　まず計画にあたっては、工事の影響を受けない道路縁石天端やマンホール天端などを不動のベンチマーク（BM）として定め、そこからの相対高さによって敷地の高低差を測る。

　そうして導かれた現況地盤レベルのうち、建物が接する過半の地盤レベルを仮に「設計 GL」と設定する（たとえば敷地レベルが BM ＋ 180 ～ 220 であれば、BM ＋ 200 を仮に設計 GL とするなど）。なので、厳密にいえば現況地盤には確固たる設計 GL は存在せず、設計を進めるうえでの基準レベルにすぎないと考えておくとよいだろう。

　また、もし敷地内に多少の不陸があったとしても、工事によるすりつけ作業によって、地盤を設計想定レベルにある程度均すことは可能だ。もしすりつけられないほどの高低差が発生する場合は、事前に基礎の根入れ深さを変えるなど設計側で調整しておかなくてはならない。

　さらにベタ基礎の場合は、耐圧盤と立上がりとの間の打継ぎ面から漏水を引き起こしやすいため、GL は打継ぎ面よりも低くなるように設定しておきたい。設計 GL と 1 階床高との関係を設定し、こちらに道路側との高低差やアプローチの水勾配などを考慮すれば、最終的に玄関周りのステップ段数なども決まってくる。道路からの引きが少ない住宅では、あとでステップが増えると致命的になることもあるので、設計の早い段階で敷地レベルを掌握しておくことが望ましい。

地盤調査のデータを活用する

　ではその地盤レベルはどのように測るのがよいのだろう。

　まずベストなのは、測量会社に依頼して高低差測量を行ってもらうことである。しかしこの方法は費用や時間がかかるため、一定以上の高低差（目安として 1m 以上）がある敷地以外では一般的な手法とは言えない。

　おおよそ平坦に見える敷地の場合は、我々では地盤調査の際の調査ポイントデータを活用している。住宅の場合はスウェーデン式サウンディング法などにより敷地内複数ポイントの調査を行うため、各調査ポイントのレベルから、敷地の起伏傾向を把握することが比較的容易となる。筆者の依頼する地盤調査会社は、あらかじめ伝えておけば、道路際など追加ポイントの高低差測量も行ってくれる。こうした情報も設計では非常に貴重なものとなる。

CB 塀をスケール代わりに使う

　一方で初期プランの段階では地盤調査までは入れないことも多い。そんなとき、もし隣地境界にコンクリートブロック（CB）塀がある場合は、これを使ってスケール代わりにすることもできる。CB は W400 × H200 の規格寸法で作られており、またその目地が水平であることから、この数をかぞえたり、目地からの相対距離を測ったりすることで地盤の高低差を簡易に知ることもできる。初期のプラン提案なら、その程度の敷地情報さえあれば十分だろう。

　玄関アプローチに不自然な段差を作らないためにも、敷地レベルは事前に入念に織り込んでおきたい。

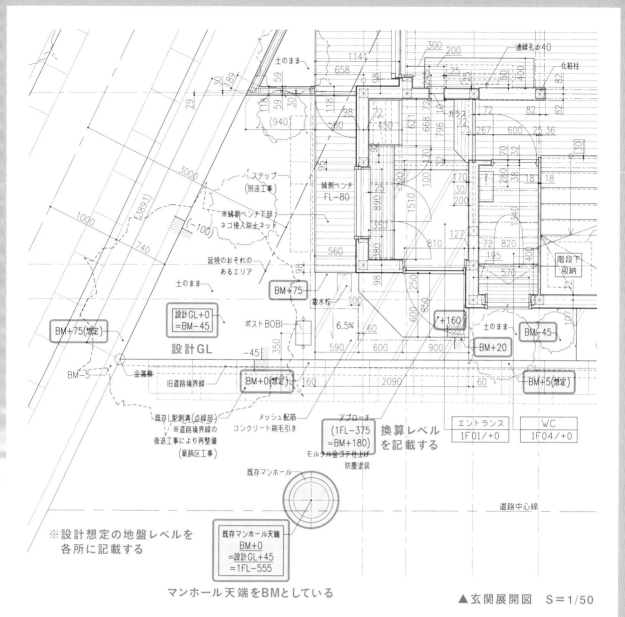

土のまま

300   200

通線孔φ40

化粧柱

1141   658

30 59
29

118   59 30

(940)

560

ステップ
(別途工事)

※縁側ベンチ下部
ネコ侵入防止ネット

縁側ベンチ
FL-80

延焼のおそれの
あるエリア

土のまま

3000

BM+75

散水栓

設計GL+0
=BM-45

設計GL

BM+75(想定)

ポストBOBI

ガラス

階段下
収納

土のまま

BM-45

BM-5

金属標

旧道路境界線

BM+0(想定)

−45

350

6.5%

+160

BM+20

BM+5(想定)

既存L型側溝(点線部)
※道路境界線の
後退工事により再整備
(葛飾区工事)

メッシュ配筋
コンクリート刷毛引き

アプローチ
(1FL-375
=BM+180)

モルタル金ゴテ仕上げ
防塵塗装

換算レベル
を記載する

エントランス	WC
1F 01/+0	1F 04/+0

既存マンホール

※設計想定の地盤レベルを
各所に記載する

既存マンホール天端
BM+0
=設計GL+45
=1FL-555

道路中心線

マンホール天端をBMとしている

▲ 玄関展開図   S=1/50

KOTIではベンチマーク（BM）を道路中心付近のマンホール天端に設定し、地盤調査による地盤レベルを参照し
「BM-45」を設計GLに設定した。各所の想定レベルを細かく設定し、玄関まわりのすりつけを設定している。

隣家CB塀写真。塀の接地ラインを見るとCBの目地とほぼ平行であるこ
とから、敷地にはほぼ高低差がないことがわかる。

寄りの写真。このようにスケールを当てて記録を残しておくと、現況地盤
レベルと隣地CB塀との関係を把握しやすい。

21 | 部屋は家具の配置で決まる

家族の関係性は家具で調整する

住宅には造作家具以外に建て主が持ち込む家具もある。いくつかのものはサイズも大きく、設計に大きく影響を与えるものだ。

たとえば、一般的にリビングやダイニングにはソファやダイニングテーブルなどが置かれる。がらんどうで設計しておいて、建て主にあとから自由に置いてもらうこともできるが、空間のどこにテーブルやソファを置くかは生活のあり方をも決めてしまう重要な要素であり、もはやプランニングの一部ともなっている。そのため、設計では建て主の持込み家具であっても、その位置を図面の中にしっかり落とし込み、適切な配置となるように心がけたい。

たとえばKOTIでは空間も小さいため、キッチンはオープンなアイランドキッチンとして設計し、それと接続するようにダイニングテーブルの配置を決めている。そこからほどよい距離にソファを配置することで、家族にとって居心地の良い関係性が生まれるようにと考えた。

個室の設計はベッドの位置で決まる

一方で主寝室や個室については、メインの空間とは考えられていないものの押さえるべきポイントは存在する。寝室の設計で鍵を握るのは、言うまでもなくベッドの配置である。

ベッドのサイズは一定の規格に限定されている。ベッドがうまく配置できない部屋は、その時点で寝室として機能しなくなってしまう。

ベッドサイズも建て主によって異なる。ダブルベッドの場合もあれば、シングルベッドが2つというケースや、セミダブルを2つ入れたいというケースもある。シングルベッドで計画していたら、あとからセミダブルだと言われることもある。最初のヒ

アリングの際には十分に確認したい。

またベッドは原則として入口に足元が向くか、入口からは足元しか見えないように設けるのが定石だ。扉を開けたらいきなり寝顔が見えることのないように注意したい。

箪笥などの持込み家具がある場合も注意が必要だ。たとえば洋間に和箪笥を置くと調和が崩れるため、ウォークインクロゼットに持込み家具をぴったり納めるなどする提案も考えておく。

最小限個室としての子ども部屋

最近では子どもの個室は最小限に、というご要望も多い。我々の設計する個室では、広さ4畳はまだゆとりがある方で、3.1畳という極小個室もある。極論すれば個室はベッドと小さな机さえ入れれば成立するともいえる。

前述の3.1畳の個室は、部屋の芯々寸法を1,820mmではなく2,275mmにすれば部屋の短辺方向にぴったりベッドが納まる。個室を小さくした分、家族の共用スペースやファミリークロゼットなどをより広く充実させたいところだ。

このように、入居後に置かれる家具については多くの場合建て主の選定領域ではあるが、それらの要素を注意深く整理しておかないと、入居後に破綻をきたすことになる。プランニングだけでなく、想定される置き家具も含めた配置を十分に検討しておきたい。

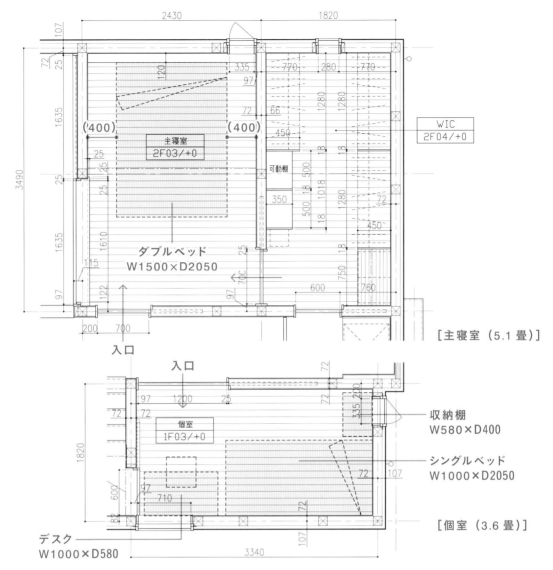

2430　1820

107
72　25
1635
（400）　（400）
25
25
25
25
主寝室
2F03/＋0

WIC
2F04/＋0

3490
335
97
72
66
450
可動棚
350

770　280　770
1280
1280
1280
18　18
500　18　1018
500　500
18
1280
72
450
18

1635
1610
25
ダブルベッド
W1500×D2050
97
70C
18
750

600　760

115
122
97

200　700
入口

［主寝室（5.1畳）］

入口

97　1200　25
72　72
72
335　200

個室
1F03/＋0

収納棚
W580×D400

シングルベッド
W1000×D2050

1820
600
97
710
82
72
107
72
107

デスク
W1000×D580

3340

［個室（3.6畳）］

KOTI の主寝室（5.1畳）と個室（3.6畳）の平面比較。
ともに、一般的な寝室面積と比べてもコンパクトな設計
であるが、ベッドさえ納まってしまえば個室は成立する。

▲ 平面図　S＝1/50

キッチンから、ダイニング～リビングに至る
家具の並び。適切な家具の配置は家族同士の
ほどよい距離を調整し、居心地の良い空間を
作ってくれる。

ダイニングから個室側を見る。まだ子どもが小さいため、独立した個室にはせずに、引戸を開け放つとダイニングのつながりになるように設計している。現在、個室にはご主人の趣味のピアノが置かれている。

真にサスティナブルな住まいとは

最高の住まいってなんだろう

　我々は住宅を設計するときに、相手にとって最高の住まいになるようにと思いを込めて設計します。これはおそらくこの本を手に取ったすべての方に共通する思いではないでしょうか。

　では、相手にとって最高の住まいとはどんな住まいでしょうか？　機能美に溢れた家？　それとも最高の断熱気密性能を持つ家でしょうか？

　答えは1つではないと思いますが、私はそんなときいつも、こんな言葉が頭をよぎります。

『人にとって最高のギフトは、
　　自分のためにかけられた手間や時間』

　たとえば誰かからプレゼントをもらったとき、その中身もさることながら、相手が自分に思いを寄せて、わざわざプレゼントを選んだり買いに行ってくれたりしたとしたら、あなたはより満たされた気持ちになると思います。自分のためにわざわざ手間や時間をかけてくれたという、この"わざわざ感"が嬉しいのでしょう。

　私は相手にとって最高の住まいを作るヒントもここにあるような気がしています。つまりそれは、相手のために「最高に手間や時間をかけて作られた住まい」のことなのではないかと思うのです。

　これは単に工期の長さを言っているのではありません。手っ取り早く既製品や規格品で作られた家ではなく、自分のために設計者が細部まで考え、大工さんが手間を惜しまずに作ってくれた家はやっぱり嬉しい。

　つまり人をもてなすということは、相手のためにどれだけ手間や時間をかけたかにかかっているのだと思います。

手間のかかるものは愛おしい

　ところで皆さん「木っていいよね」とよく言います。私の設計でも、床材はもとより、外壁や天井などにもふんだんに木を使った設計にしています。木を素材に使うと言って嫌な顔をする人はあまりいません。

　でもいったい、木って何が良いのでしょう？
エコ的な視点やデザイン性、手が触れて温かいとかいろいろ理由はあるでしょうが、どれも本質ではないような気がします。

詰まるところ私は、木は「手間がかかるから良い」のではないかと思っています。それを作る手間もありますが、維持するという手間もありますよね。

　たとえば「手間のかかる子ほど可愛い」という言い方があります。頭では手間はかからない方が良いと思っているはずなのになぜでしょう。またペットや観葉植物などもそうです。人はなぜか世話の焼けるものを進んで受け入れようとする不思議な習性があるようです。

　もしかしたらそれは、自分がいないとだめだ、手を貸してあげないといけない、という思いが自己肯定や自分の存在意義の確認につながっているからなのかもしれませんね。

木の家に惹かれる理由

　そう考えると、我々が「木の家」に惹かれる理由も少しわかってきます。

　木は手がかかります。反ったり透いたりもします。現代ではそういうものは敬遠される傾向にあるのに、あえてそういう手間のかかる材料を使うと、人はその家を面倒だなあとか、手間がかかるなあとか思いながらも、そのうち愛おしく思いはじめるのではないかと思うのです。

　もちろん、設計では建て主さんの負担にならぬよう、木の反りを抑え、メンテンスをしやすくする工夫もしているのですが、それでもやっぱり手間はかかる。それも、決して悪いことばかりではないのだろうと思います。

　少なくともハウスメーカーではなく設計事務所にご依頼にいらっしゃる方は、こういうものを好んで受け入れる方が多いような気がします。

愛着の宿った住まいは長持ちする

　我々との家づくりは、手間や時間がかかります。手間をかけた家は、やっぱり手間のかかる家になるというのも皮肉なものですが、それこそが建て主の家への愛着を育み、その人にとって唯一無二の住まいにしてくれるのではないでしょうか。

　愛着の宿った住まいは、安易に取り壊されることなく、結果として長寿命の住まいになります。世の中の多くの住まいは、地震や台風などの天災によって失われるのではなく、人が自らの手で壊しているのです。

　家を長持ちさせるものは、必ずしもメンテナンスフリーの外壁や耐震性能だけではなく、永く住みたいと思える人々の愛着なのではないでしょうか？ 真にサステイナブルな住まいとは、結局そういうことなのではないかと思うのです。

22 | 家電問題を設計で解決する

奥深い冷蔵庫問題

現代の住宅は家電製品と切っても切れない関係にある。キッチン家電はもちろんのこと、リビングには大型テレビ、洗面所にはヘアドライヤーという具合に、各部屋には必ずといっていいほど家電製品が存在する。しかし持込み家具と同様に、本来は建て主が入居後に購入するものであるにもかかわらず、家電製品については設計側で考えておくべき要素は多い。図面にも十分に置き場所を織り込んでおかないと、入居後にトラブルになることもある。

まず住宅の中で家電が最も集中するスペースはキッチンだろう。要注意なのは冷蔵庫である。

サイズはメーカーによって異なるが、現代の生活では最低でも500Lサイズ以上のものを想定しておきたい。我々の設計では、冷蔵庫の設置スペースとして、おおむね間口を720〜730mm程度、奥行きを700mm程度に設定することが多い。また扉が十分に開くようにするため、配置が壁際になる場合は、せめて50〜100mm程度の"抱き"を壁に設ける必要がある。これは意外と盲点になる。

作図の際は冷蔵庫の外形線だけでなく、扉の厚みと回転軌跡も正確に図面に記載したい。冷蔵庫の扉は丁番ではなくピボットヒンジのため、左右に十分な余裕を確保するか、戸厚分だけ前に出さないと十分に開かなくなるためだ。

また、2階にキッチンを設ける場合は、引越しの際に冷蔵庫を階段から上げられるかについても十分に検討を行わなくてはならない。特に折返し階段の場合は、物理的な寸法とは関係なく荷揚げ作業上の都合で「上げられない」とあっさり言われてしまうこともある。そんなときに備え、バルコニーからの搬入経路なども保険として考えておきたい。すべては、建て主から引越し当日に電話がかかってきて、頭が真っ白にならないために……。

リビングのテレビ問題を考える

テレビについても、最近では壁掛けテレビの需要が多くなってきた。だがその割に、家電メーカーでは十分にその納まりについて検討がなされておらず、設計側の苦労は絶えない。配線の隠蔽、プラグの接続、ブラケットの下地など考慮すべきことは多く、何事もなかったかのように美しく納めるには水面下で見えない検討をずいぶん重ねる必要がある。建て主は易々と「壁掛けで」とおっしゃるが、問題はそう簡単ではないのだ。

ちなみにKOTIでは壁からブラケットでカウンターを持ち出し、テレビはその上に置いてもらうようにしている。あらかじめ想定の画面サイズを設計に落とし込み、建て主とも事前に共有した。

このように、家電1つ取ってもそれを美しく合理的に納めるためには事前の入念な設計想定が不可欠であることがわかる。住宅に家電が雑多に並ぶことは設計者にとってがっかりする体験だが、それは詰まるところ設計の失敗によるところも大きいともいえるのだ。

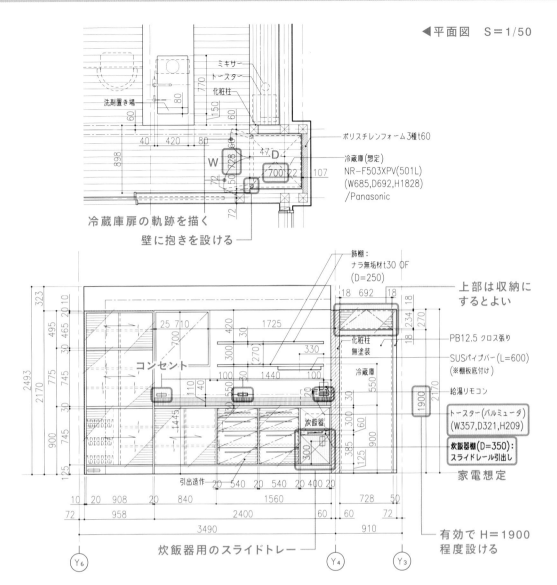

ミキサー
トースター
化粧柱
洗剤置き場

ポリスチレンフォーム3種t60

冷蔵庫(想定)
NR-F503XPV(501L)
(W685,D692,H1828)
/Panasonic

冷蔵庫扉の軌跡を描く

壁に抱きを設ける

飾棚：
ナラ無垢材t30 OF
(D=250)

**上部は収納に
するとよい**

PB12.5 クロス張り

化粧柱
無塗装

SUSパイプバー(L=600)
(※棚板底付け)

コンセント

冷蔵庫

給湯リモコン

**トースター(バルミューダ)
(W357,D321,H209)**

炊飯器

**炊飯器棚(D=350)：
スライドレール引出し**

家電想定

引出造作

炊飯器用のスライドトレー

**有効で H=1900
程度設ける**

Y6　Y4　Y3

▲ 展開図　S＝1/50

キッチン回りは家電が集中するコーナーとなる。
特に冷蔵庫回りは扉の軌跡などに注意して設置寸
法を決める必要がある。

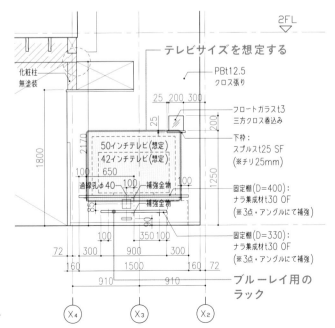

化粧柱
無塗装

2FL

テレビサイズを想定する

PBt12.5
クロス張り

フロートガラスt3
三方クロス巻込み

下枠：
スプルスt25 SF
(※チリ25mm)

50インチテレビ(想定)
42インチテレビ(想定)

通線孔φ40　補強金物

固定棚(D=400)：
ナラ集成材t30 OF
(※3点・アングルにて補強)

補強金物

固定棚(D=330)：
ナラ集成材t30 OF
(※3点・アングルにて補強)

テレビコーナーもテレビ台とテレビサイズの関係
に気を配る。またDVDやブルーレイディスクを
どこに置くかについても、事前に十分に検討を行
いたい。

**ブルーレイ用の
ラック**

展開図　S＝1/50 ▶

X4　X3　X2

冷蔵庫を含め、キッチンまわりの家電を整然
と納めることで、オープンでもまとまりのあ
るキッチンは作れる。炊飯器など、生活感の
ある家電はカウンター下に納め、デザイン家
電など見栄えのするものだけをカウンターの
上に並べている。

23 | 収納の決定に役立つ寸法単位

収納は住まいの満足度の要

住宅で避けて通れないのが収納の設計である。皮肉な話であるが、どんなに美しい空間を作ったとしても、収納が少なければ配慮に欠けた住宅の誹りを免れない。逆にそれさえ押さえておけば、建て主さんに喜んでいただける住宅にはなる可能性は高い。

そんな収納設計であるが、とりあえず可動棚さえ作っておけばなんとかなるとは思ってはいないだろうか。収納でよく問題になるのは、奥行き寸法である。さぞやたくさん納まるかと思いきや、奥行きがわずか1cm足りなくて扉が閉まらなかったときほど悔しいものはない。

過去に、思いのほかご主人の靴のサイズが大きくて下足入れの扉が閉まらない、とのクレームを頂いたこともある。逆に良かれと思って深い棚を設ければ、今度は深すぎて奥のものが取り出せず逆に不便になる。

置くものが事前にはっきり想定できるなら、可動棚ではなく、むしろ固定棚にしたほうが無駄なく美しい棚にできることもある。収納の世界は実に奥が深いのだ。

収納の単位は「無印良品」の規格で考える

収納の単位を考えるうえでとても便利なのが、無印良品の収納雑貨類である。たとえばオープンの棚を作るとしたら、そこに無印良品のラタンボックスなどが何個置けるかで寸法を決めるのは我々の常套手段である。同様にクローゼットや押入れの幅や高さを決める際にも、下部に同じくポリプロピレンの引出し容器をいくつ並べられるかで考える。

住まいの雑多なものを規格化された小物で分類してしまえば、見た目も美しいし合理的だ。もちろん実際には何を置いていただいてもよいのだが、無印良品は全国どこでも同一規格を手に入れられるので汎用性がすこぶる高い。店頭にて無料で入手できるカタログは、設計のよりどころとして常に傍らに置いている。

書棚は判型で決まる

次に本棚について。世の中にはあらゆる判型の書籍があふれているかのように見えるが、実はかなり限定されている。

家庭にある書籍で多いのは、文庫本の類い（A6判）やマンガなどの単行本（B6判）、そして小説やビジネス書のハードカバーの類い（A5判）や雑誌の類い（A4判）であろう。極論すれば、とりあえず大きい棚（H330 × D270 程度）と小さい棚（H240 × D180 程度）をそれぞれ作っておけば、本の置き場はなんとかなる。

もう少しざっくり作るならば、大は小を兼ねるとばかりにD270mm 程度の棚をメインで作っておけば、大半の本は納めることができるだろう。

しかし、先の奥行き問題から文庫本の類いが前後に並べられてしまうこともある。後ろに隠れてしまえば、二度とその本を取り出すことはない。そこで判型の小さな本のために、壁厚を利用して、D120mm 程度の小棚を設けることで解決してしまうという裏技もある。

このように、小さな家でも家中の余ったスペース、時に壁厚ですらも使い切ることで、たいがいの収納問題は解決できる。まさに設計者の腕の見せ所なのだ。

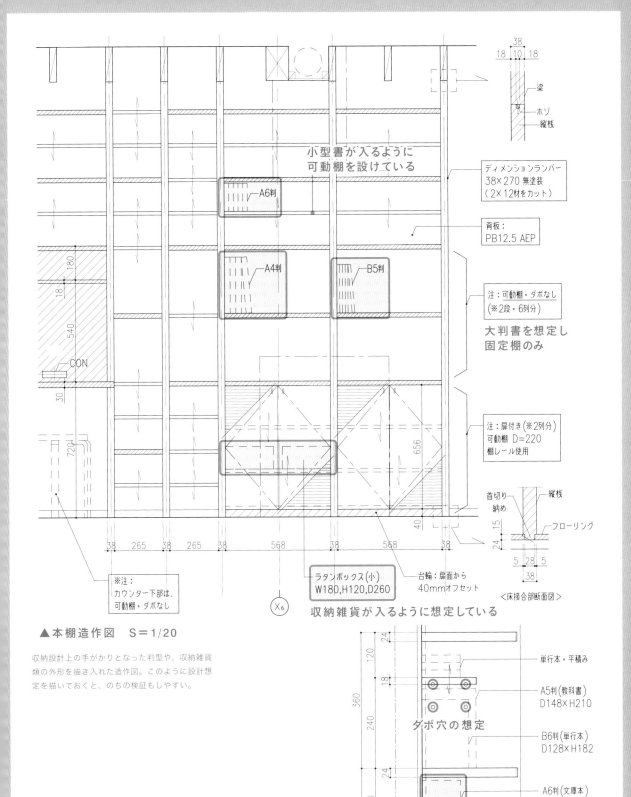

小型書が入るように
可動棚を設けている

ディメンションランバー
38×270 無塗装
（2×12材をカット）

背板：
PB12.5 AEP

注：可動棚・ダボなし
（※2段・6列分）

大判書を想定し
固定棚のみ

A6判

A4判

B5判

CON

注：扉付き（※2列分）
可動棚 D=220
棚レール使用

梁
ホゾ
縦桟

首切り
納め

縦桟
フローリング

＜床接合部断面図＞

※注：
カウンター下部は、
可動棚・ダボなし

ラタンボックス(小)
W180,H120,D260

台輪：扉面から
40mmオフセット

収納雑貨が入るように想定している

▲ 本棚造作図　S＝1/20

収納設計上の手がかりとなった判型や、収納雑貨
類の外形を描き入れた造作図。このように設計想
定を描いておくと、のちの検証もしやすい。

単行本・平積み

A5判（教科書）
D148×H210

B6判（単行本）
D128×H182

ダボ穴の想定

A6判（文庫本）
D105×H148

大手・タモt4 OF

B6判（文庫本）
D105×H148

大手・タモt4 OF

この計画では棚受けダボの移動により、棚の使い
勝手を変えることができるようにしている。ピン
ポイントの寸法にすることで無駄のない棚にする
ことができる。

可動棚想定図　1/10▶

ウォークインクロゼットには規格品のポリプロピ
レンの収納容器を使用している。棚の上部にはラ
タンバスケットも。収納計画もあらかじめ設計上
で考えておくと、こちらの想定通りに使っていた
だけてスペースの無駄もない。

それぞれの判型を想定した壁面の可動棚に書
籍がぴったり納められている。寸法の想定を
しておくと、雑多な収納も美しく見える。

24 | 設計の伏線は
床伏図で回収する

木造は意匠設計者の手で考える

木造住宅の設計で楽しいところは、四号建築物（木造2階建てなど）であれば架構などの構造を意匠設計者自らが決定し、コントロールできるところにあると思う。綿密なプランニングと、矩計図による階高やおおよその架構ルールを設定したら、その伏線を回収するのは構造図（床伏図・軸組図）である。これを描き切ることで初めて住宅の骨格は定まる。いわば木造住宅の醍醐味はここにあるわけだ。

ところがそうした仕事をプレカット業者に丸投げしてしまう設計者も多いと聞く。実にもったいない話だ。最近では耐震等級などの性能が求められることも多く、性能表示計算を行うことも増えてきた。そうした背景もまた意匠設計者から構造の検討作業を奪っている一因なのかもしれないが、性能表示計算レベルであれば、手頃な解析ソフトもあるので導入のハードルはさほど高くない。

適切な架構設計が美しい住宅をつくる

実のところ、設計実務者であれば最初のプランと断面を描いた時点で、頭の中にはスパンと梁成の関係がおぼろげに浮かんでいるはずだ。もしくは、どんな架構や梁成であっても対応できる大きめの階高設定をしているかのどちらかであろう。

後者の場合、余裕ある断面計画と言えば聞こえは良いが、肥大化した階高は醜く寸胴なプロポーションを作り出す。志ある住宅設計者であれば、プロポーションは「低く低く」が鉄則であると心得たい。

そのためには的確な架構計画が必須となる。床伏図にはこうしたことを踏まえて、無理のない梁の渡し方と梁成を設定してゆく。

すべての情報を統合した床伏図を

ここまでなら、いわばプレカット業者や構造ソフトでも簡単に作図できるが、実はここからが意匠設計者が描くべき作図領域となる。

床伏図には上記に加え、バルコニーなど床段差がある場合の梁下げの設定、設備配管などによる梁貫通や切欠きなど、他図面との関連情報を織り込む。ほかにも展開図等との連動から、壁面のニッチや開口部と耐力壁との干渉がないかのチェックや、架構が現しになる場合はその見せ方や仕上げ方（プレーナー、ノースタンプなど）についても具体的な指示を付記したい。

根太を設ける場合は、フローリングの張り方向と直行する方向に渡し、剛床にする場合は床合板の継ぎ目に釘を打つための根太材（合板受け）についても適切な寸法指定を行いたい。

我々の図面には、欄外に土台からのレベル設定や、梁天端と床レベルの差なども記載している。これは何を意味しているかというと、のちのプレカット図チェックに備え、梁天端レベルの換算値を表記しているのだ。

意匠図では高さ方向の基準は床高（FL）になるが、構造図上では梁天端レベル基準となる。のちにプレカット図が出てきた際に混乱しないように、最初から換算レベルを設定しておくことで、人為的なミスを起こりにくくする工夫である。

このように隅々まで気を配った作図は、すべてを見通している意匠設計者だからこそ生み出せるものである。図面は縦割りで考えず、設計者の手で常に相互のリンクを意識しながら作図されるべきであろう。

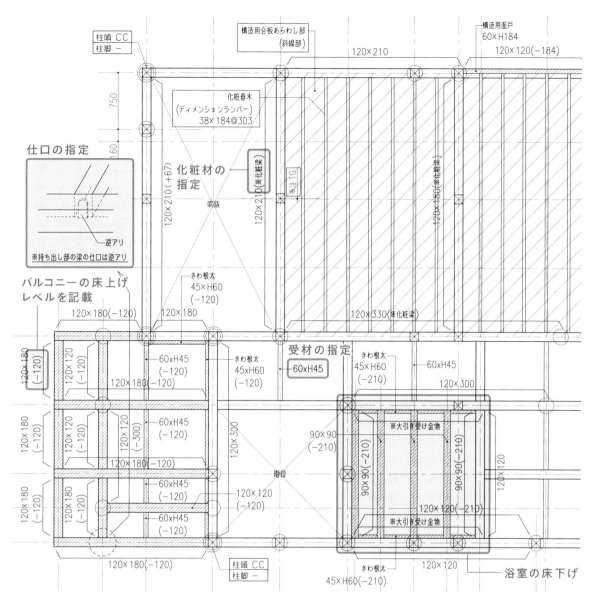

仕口の指定

※持ち出し部の梁の仕口は逆アリ

逆アリ

化粧材の指定

バルコニーの床上げレベルを記載

受材の指定

柱頭 CC
柱脚 ー

構造用合板あらわし部（斜線部）

構造用面戸
60×H184
120×120(−184)

120×210

化粧垂木
（ディメンションランバー）
38×184@303

120×210(+67)

吹抜

120×210(※化粧梁)

120×180(※化粧梁)

120×330(※化粧梁)

きわ根太
45×H60
(−120)

120×180(−120)

120×180

120×180(−120)

120×120(−120)

60xH45(−120)

きわ根太
45×H60(−120)

60xH45

きわ根太
45×H60(−210)

60xH45

120×300

120×180(−120)

120×120(−120)

120×120(−300)

60xH45(−120)

120×180(−120)

120×180(−120)

120×180(−120)

120×120(−120)

60xH45(−120)

60xH45(−120)

120×120(−120)

120×180(−120)

階段

120×300

120×300

90×90(−210)

90×90(−210)

※大引き受け金物

90×90(−210)

120×120(−210)

※大引き受け金物

120×120

きわ根太
45×H60(−210)

120×120

浴室の床下げ

柱頭 CC
柱脚 ー

▲2階床伏図　S＝1/50

意匠図の内容に基づき、床下げ範囲やレベル、化粧材、受け材等の指定を丁寧に織り込んでいる。バルコニーや浴室など、床レベルに変化がある部位は、矩計図と共に特に念入りに検討する。

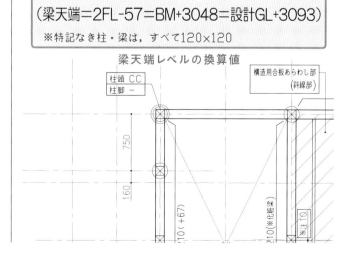

レベル＝土台+2532
（梁天端＝2FL−57＝BM+3048＝設計GL+3093）

※特記なき柱・梁は，すべて120×120

梁天端レベルの換算値

柱頭 CC
柱脚 ー

構造用合板あらわし部（斜線部）

750

160

120×210(+67)

210(※化粧梁)

図面の欄外に記載された梁天端の換算レベル。のちのプレカット図チェックの際は、このレベルとの整合性を確認する。

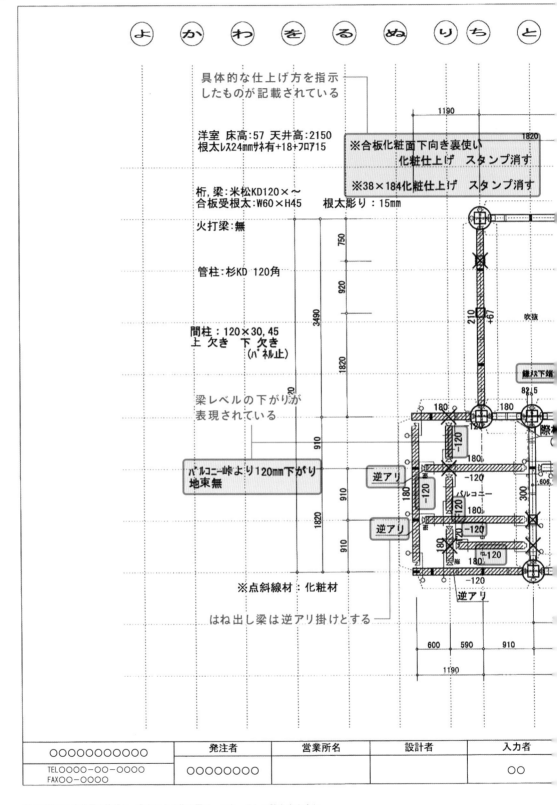

具体的な仕上げ方を指示
したものが記載されている

洋室 床高:57 天井高:2150
根太レス24㎜サネ有+18+フロ715

※合板化粧面下向き裏使い
　化粧仕上げ　スタンプ消す

※38×184化粧仕上げ　スタンプ消す

桁, 梁:米松KD120×～
合板受根太:W60×H45　　根太彫り:15㎜

火打梁:無

管柱:杉KD 120角

間柱:120×30, 45
上 欠き　下 欠き
　　　(パネル止)

梁レベルの下がりが
表現されている

バルコニー峠より120㎜下がり
地束無

逆アリ

逆アリ

※点斜線材:化粧材

はね出し梁は逆アリ掛けとする

逆アリ

○○○○○○○○○○○	発注者	営業所名	設計者	入力者
TEL○○○○-○○-○○○○ FAX○○-○○○○	○○○○○○○○			○○

我々が描いた床伏図の情報と、我々による施工図チェック、そして膝を突き合わ
せてのプレカット打合せを経て、最終承認図に至ったKOTIのプレカット図面。
各所に細かい入力指示が記載されているが、逆にこの正確なプレカット図作成に
必要な情報提供を行うのが、意匠設計者による床伏図の役割であるといえる。

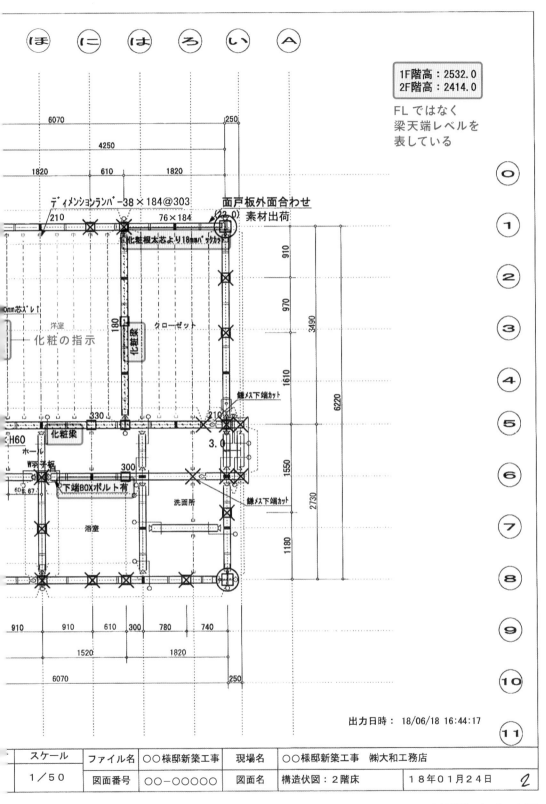

ほ に は ろ い A

1F階高：2532.0
2F階高：2414.0

FL ではなく
梁天端レベルを
表している

0

6070
250

4250

1820 610 1820

1

ディメンションランバー38×184@303
面戸板外面合わせ

210 76×184 (23.0) 素材出荷

化粧板芯より18mmバックカット

910

2

970

3490

mm芯ズレ

洋室

180
化粧梁

クローゼット

3

化粧の指示

1610

4

鎌メス下端カット

330 210

6220

5

H60 化粧梁

3.0

ホール

1550

W平芽板

300

6

下端BOXボルト有

606.67

洗面所

2730

鎌メス下端カット

7

浴室

1180

8

910 910 610 300 780 740

9

1520 1820

6070 250

10

出力日時： 18/06/18 16:44:17

11

スケール	ファイル名	○○様邸新築工事	現場名	○○様邸新築工事　㈱大和工務店		
1／50	図面番号	○○−○○○○○	図面名	構造伏図：2階床	18年01月24日	2

▲KOTI プレカット図

※図面は 75%に縮小しています

25 架構の整合性は軸組図で確認する

床伏図と軸組図は対になる1つの図面

床伏図を描いたら、次はそれを立体に起こした軸組図の作図を行う。作図はどちらか一方ということはあり得ない。この2つは対になる1つの図面だからだ。

現場に入るとプレカット業者から施工図が上がってくる。この際に床伏図しか送られてこないケースが稀にある。床伏図にはレベルの表記が打たれているのでデータ入力上は問題ないのかもしれないが、軸組は梁レベルの問題だけではなく、架構が交差するポイントにおいて、梁と柱どちらを勝たせるかなど議論の余地は大きい。必ず軸組図を提出してもらって確認を行うことが重要だ。

意匠設計者として軸組図を作図すると、床伏図ではわからなかった不整合に気づくことができる。たとえば、スパン表上は適切な梁成の設定であったとしても、そこにより大きい梁成の梁が接続されていれば、おのずとその仕口の違和感に気づき、梁成を上げるなどの措置を取ることができる、といった具合に。

屋根架構の納まりを押さえる

軸組図における重要な作図ポイントは、屋根架構であろう。基本的な架構ルールは矩計図上で設定しているが、隅木の納まりなどは矩計図では検討が難しいことも多く、床伏図と軸組図を駆使しながら、無駄のない架構の整合性を図る。またそれらがプレカット図に移行する際に混乱を招かないよう、押さえとなる入力ポイントについても明示しておくとよい。こうした積み重ねが、のちの現場監理での負担を軽くしてくれる。

また屋根の水平構面を確保するために、厚合板を屋根下地に設ける際は、その端部の合板の留め方にも気を配りたい。原則は梁に直接留めるが、それが難しい場合は受材（構造用面戸）を設けるなど、垂直構面と水平（屋根）構面がつながるように事前に検討を行う。

論理としての作図と実践としての現場の往復

これらの図面を丁寧に描く意味がもう1つある。それは作図者自身の"学び"である。特にまだ経験の浅いスタッフの場合は、架構を頭の中で立体化できず、また些末な仕口1つ取っても、それがどういう形で納まるのかがイメージできないことも多い。図面を描くことでその疑問や問題意識が具体的になるし、探究心も芽生える。

それを回収するのが現場だ。あんなに悩んだ仕口や納まりも、現場であっさり組まれた姿を見ればすとんと腑に落ちる。またプレカット施工図のやりとりを通じて、架構に必要な押さえ寸法についても学べる。

図面を描くことは、わからないことをわかるようにすることであると同時に、自分がわからないことは何なのかを知ることでもある。論理としての作図と、実践としての現場はどちらも分かちがたく重要である。この往復と反復作業によって初めて図面は血肉化され、確かなものになるのだ。

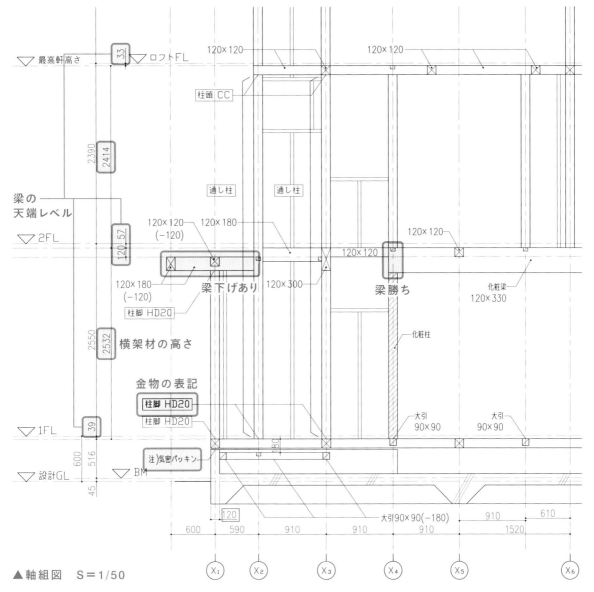

▽ 最高軒高さ
33 ▽ ロフトFL
120×120
120×120
120×120
柱頭 CC

2390 / 2414

梁の
天端レベル

▽ 2FL
120 57

120×120
(−120)　120×180
120×120
通し柱　通し柱
120×120
梁勝ち
120×120

化粧梁
120×330

120×180
(−120)
梁下げあり
柱脚 HD20
120×300

2550 / 2532　横架材の高さ

化粧柱

金物の表記

柱脚 HD20
柱脚 HD20

大引
90×90
大引
90×90

▽ 1FL
39

600 / 516

注)気密パッキン
180

▽ BM

▽ 設計GL
45

120
大引90×90(−180)
910
1520
610

600　590　910　910　910

X1　X2　X3　X4　X5　X6

▲ 軸組図　S＝1/50

梁天端の各床高からの高さや、梁下げがある場合
の梁位置の確認、柱と梁どちらを勝たせるのかな
ど描きながら納まりを整理する。また、設計上の
床高とは別に、梁天端間の距離も書いておくと、
のちの施工図チェックで役立つ。

Y1−Y4通り間。隅木正面図

架構の部分詳細。隅木部などは納まりや寸法の押
さえ方がイレギュラーになることがある。詳細
は、最終的には現場との相談になるが、設計者な
りに納まりをイメージしておくことが大事で、悩
んだ分だけ現場での収穫も大きいものになる。

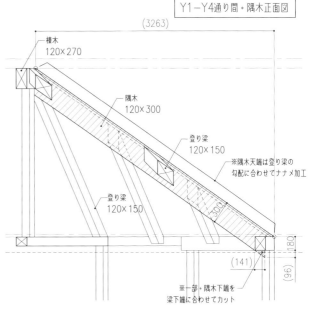

(3263)
棟木
120×270
隅木
120×300
登り梁
120×150
※隅木天端は登り梁の
勾配に合わせてナナメ加工
登り梁
120×150
300
180
(141)
(96)
※一部・隅木下端を
梁下端に合わせてカット

さらなる仕事の高みを目指して

雇うべきか、雇わざるべきか

私のまわりの設計事務所の主宰者は、大きく2つのグループに分けられるように思います。

1つはスタッフを雇って仕事をしている人、もう1つはスタッフを雇わずに1人で（あるいは夫婦で）仕事をしているという人。あなたはどちらでしょうか？

最近では、チームで事務所を運営しているところも多いようですが、一般的には、独立直後は仕事が少なくスタッフも雇えず、そのうち事務所が軌道に乗ってくるとスタッフを増やしてゆくというパターンが多いのではないでしょうか。

しかし耳の痛い話ですが、同業の方なら身に染みておわかりの通り、住宅の設計は儲かりません。働けど働けど……石川啄木の歌ではありませんが、"ぢっと手を見る"住宅設計者は多いのではないでしょうか。そんななか、スタッフを雇うなんてとんでもない！と経営上の理由で敬遠したくなる気持ちはよくわかります。

ですがまわりを見渡すと、そうした経営上の理由だけでは決してなく、売れっ子で仕事がたくさんあるのにもかかわらず、スタッフを雇わないという方も多くいらっしゃいます。おそらく自分自身ですら説明のつかない建築的思考を、他人と分かち合うなんて無理とか、常に身軽な自由人でいたいなど、様々な考えがそこにはあるのでしょう。

スタッフを雇う、雇わないという問題は、必ずしも経営上の理由だけでなく、その人の仕事のポリシーや生き方そのものにも大きく関わっている問題なのだろうという気がしています。

独りよがりにならないために

ちなみに私の事務所には、現時点で私以外に3名の設計スタッフがいます。もちろん、私も最初は1人から事務所をはじめました。

何をどう勘違いしたのか、駆け出しで無名だった頃の私の元に押しかけ弟子のようにやってきて働きはじめたのが最初のスタッフでした。以来現在までに数え切れないほどのスタッフが私の事務所から巣立ってゆきました。今では独立して事務所を構える者も多くいます。

今や私はスタッフなしでは仕事ができません。それは物理的な業務量もさることながら、私の性格や仕事の進め方とも大きく関係しています。スタッフがいることの効用は、私にとって

は、ひとえに「独りよがりにならないこと」だからです。

　建築は建て主や現場の立場にとどまらず、その存在は社会的にも大きな影響力を持ちます。そうしたものを作り上げるためには、自分１人の考えではなく、多くの人を巻き込んで、より共感性の高い仕事にする必要があるのです。

自分のミスは自分では気づかない

　建築の最初のアイデアを出すのは多くの場合私の役目ですが、それを受けてスタッフが図面化すると、内在する問題点が次々と浮き彫りになってゆきます。

　人は、他人の欠点はよく見えるのに、自分のミスは自分では気づかないものです。また頭ではわかっていても、目の前に困難があれば心が折れそうにもなりますし、逃げ出したくもなります。

　そうした状況に対して、常に俯瞰的な立場を貫き、正論を言い続けることで、公正で間違いのない判断も下しやすくなります。それを片っ端から指摘されるスタッフはたまったものではないかもしれませんが、そうすることでしか見えない建築の全体像というものがあるのです。

　また逆に、自分がアイデアに行き詰まったり、判断に迷ったりしたときは、悩み相談のように担当者に話を聞いてもらうこともあります。そんなとき、私は必ずしも相手に答えを期待しているのではなく、キャッチボールを通じて、相手の返す球の強弱から、大局的な物事のあるべき方向性を感じ取っているようにも思います。

人との協働でより高い理想に辿り着ける

　かつての私は、何でも１人でやるのが好きでした。事務所のホームページも自分で作っていましたし、竣工写真も自分で撮っていました。

　ところが、お金を払ってそうした仕事を他のスペシャリストにお願いすると、それぞれのクオリティが飛躍的に上がり、自分の使える時間も格段に増やせることを学びました。

　図面も、かつては実施設計の図面の多くを自分で描いていましたが、今ではそのほとんどをスタッフに託し、私はチェックの鬼と化しています。前述の通り、その方がより正確で、より高い理想へと辿り着けることに気づいたのです。我が事務所は、かつて私がすべての線を引いていた時代にはもう戻れません。

　本書で紹介してきたリオタデザインの正確無比な仕事は、私だけではなく、優秀なスタッフたちの手によって担われているのです。

あとがき

　学芸出版社の編集者、松本優真さんより初めてメールを頂いたのは、2019年の11月頃のことでした。住宅の実施設計について解説した本を執筆してもらいたいというのがその依頼でしたが、正直最初はどうしたものかと迷いました。実施設計を解説した本なんていかにも眉間に皺が寄りそうで楽しくない。私もそのようなムズカシイ本を読むのは苦手だからです。

　ですが一方で、いつも所内でスタッフたちに噛んで含めるように言い聞かせていること——それは蘊蓄やノウハウというよりも設計に向き合う"心構え"のようなものに近いのですが——そういった内容であれば、若い実務者にとっても自らの作図を見直し、設計を進めるうえでの指針になるのではないかと思い、お引き受けすることにしました。

　執筆は奇しくも新型コロナウィルス感染拡大により、日々報道に緊迫感が増すなかで書かれました。先行きの見えない不安のなか、本書の執筆に集中できたことは不幸中の幸いでもありました。

　いつの頃からか、我々の描く実施設計図面はなぜか業界の一部でも有名になってしまいました。

　「リオタの図面は細かい」

　「寸法がいっぱい描かれている」

　間違いではないのですが、どうやら誤解も多く含まれているようです。それらの言葉はどうも「描きすぎ」とか「施工が大変そう」というニュアンスで語られているようですが、私から言わせたら、寸法や具体的な指示の網羅されていない図面など、組み立て説明書のないプラモデルのようなものです。

　これだけの情報を漏らさず施工するのは、工務店さんもさぞや大変だろうとは思いますが、そもそも図面から情報が漏れてしまっていては元も子もありません。そういう意味では、我々の図面ほど施工者に対して配慮の行き届いたものはないと私は思っています。

　執筆にあたっては、日々意識的に作図しているものについては筆も進むものの、中にはルーティーンのように作図しているものもあります。そうした図面の解説については言語化も難しく、途中何度も心が折れかけました。

　そんななか、担当編集者の松本さんにはいつも大らかに背中を押してもらい、助けていただきました（どんな状況でも決して否定しないその姿勢に、当時人気のあったお笑い芸人になぞらえ彼を"ぺこぱ系編集者"と名付けました）。

　本書で取り上げたKOTIの設計担当は弊社スタッフの矢嶋宏紀くんでしたが、彼の正確な図面がなくては今回の書籍化も難しかったと思います。彼の多大な労をねぎらうとともに、リオタデザインを支えてくれている他のスタッフのみなさんにも、この場を借りて感謝の意を伝えたいと思います。

　また今回のKOTIの施工管理を担当してくださった大和工務店の初谷仁さんには、本現場において我々の図面を凌駕するほどの緻密な施工図を大量に作図いただきました。その一部は本書でも紹介させていただいていますが、こちらのご尽力にも心より感謝申し上げます。

　KOTIについては言うまでもなく建て主Iさんとの出会いなくしては語れません。こちらのエピソードについては本書冒頭に触れていますが、寛容にも書籍化にもご理解を下さり、感謝の言葉もありません。

　多くの方たちのご協力のおかげで、こうして本書を世に送り出すことができますことを心から嬉しく思います。本書がどうか多くの実務者の手元へと届きますように！

2021年1月
関本竜太

● 著者略歴

関本竜太（せきもと・りょうた）

株式会社リオタデザイン代表

1971年埼玉県生まれ。1994年日本大学理工学部建築学科卒業。1994〜99年エーディーネットワーク建築研究所。2000〜01年フィンランド・ヘルシンキ工科大学（現アールト大学）留学。2002年2月リオタデザイン設立。2008年OZONE P1グランプリグランプリ受賞。2007・09年TEPCO快適住宅コンテスト作品部門入選。2014年住まいの環境デザインアワード優秀賞。2017年屋根のある建築作品コンテスト住宅部門優秀賞。2008〜2020年日本大学理工学部非常勤講師。日本建築家協会（JIA）会員。北欧建築・デザイン協会（SADI）理事。単著に『上質に暮らす おもてなし住宅のつくり方』『建築知識2019年7月号―リオタデザイン関本竜太が教える木造住宅できるまで図鑑』、共著に『現場写真で学ぶ実施図面の描き方（建築設計シリーズ）』（いずれもエクスナレッジ）。

● 写真

新澤一平（しんざわ・いっぺい）

p.9、10、11、22-23、24-25、46-47、48-49、52、64、65、66-67、84-85、86-87、90-91、99、100-101、102-103、106-107、110左、118-119

伝わる図面の描きかた
住宅の実施設計25の心構え

2021年3月10日　第1版第1刷発行

著　　　　者……関本竜太

発　行　者……前田裕資
発　行　所……株式会社 学芸出版社
　　　　　　　京都市下京区木津屋橋通西洞院東入
　　　　　　　電話 075-343-0811　〒600-8216
　　　　　　　http://www.gakugei-pub.jp/
　　　　　　　info@gakugei-pub.jp

編 集 担 当……松本優真

装　　　丁……美馬智
本文デザイン
印 刷・製 本……シナノパブリッシングプレス

© Ryota Sekimoto　2021　Printed in Japan
ISBN 978-4-7615-2765-5

JCOPY 〈(社)出版者著作権管理機構委託出版物〉
本書の無断複写（電子化を含む）は著作権法上での例外を除き禁じられています。複写される場合は、そのつど事前に、(社)出版者著作権管理機構（電話03-5244-5088、FAX 03-5244-5089、e-mail: info@jcopy.or.jp）の許諾を得てください。
また本書を代行業者等の第三者に依頼してスキャンやデジタル化することは、たとえ個人や家庭内での利用でも著作権法違反です。

NIWA HOUSE

Houses Designed by TOSHIHITO YOKOUCHI

横内敏人の住宅 2014 - 2019

横内敏人 著
A4 横判・416 頁・本体 15000 円＋税

庭と建築を一体につくる"庭屋一如"の思想を体現してきた建築家の最新 26 作品。現代的な和の空間、洗練された木造住宅建築に定評ある著者は、自ら植栽図を描き、樹種を選定し、施工に立ち会う。邸宅や別荘をはじめ、街中のコートハウス、郊外住宅、増改築、公共的施設まで、設計思想とプロセスを詳細な図面資料と写真で綴る。

中村好文　百戦錬磨の台所
vol.1

中村好文 著
B5 判・128 頁・本体 2700 円＋税

これまで 300 軒以上の住宅を手がけてきた中村好文さん。食いしん坊で料理好きの建築家は、クライアントの多様な食生活に応える台所に知恵と工夫を注いできた。本書に登場する住まい手は、自慢の台所を生き生きと使いこなし、料理と食事を大切にする暮らしを楽しむ。そんな幸福な台所の日常を、豊かな文章、写真、図面で紹介。

堀部安嗣　小さな五角形の家
全図面と設計の現場

堀部安嗣 著／柳沢 究 構成
A4 変判・144 頁・本体 3800 円＋税

的確な寸法とプロポーションから導かれるプランニングの完成度。大らかな屋根の過不足ない構造美。空間に調和する細部のデザイン。建築家が"30 坪の住宅"に込める設計思想の全貌を、きっかけとなった建主の一言、エスキス、実施図、施工図、構造家・造園家との協働、設備計画、施工現場と多様なプロセスから紐解く。

図解　雨仕舞の名デザイン

堀 啓二 著
B5 判・140 頁・本体 2800 円＋税

谷口吉生／内藤廣／ピーター・ズントーなど、国内外全 39 の優れた雨仕舞のデザイン。機能と見せ方がうまく両立された先行事例を、断面詳細図・屋根伏図などの豊富なスケッチと、「きる」「みたてる」など 7 つのデザイン手法で解き明かす。設計時に後回しにされがちな雨仕舞を、デザインに活かすヒントが満載の図集。

ヒルサイドテラスで学ぶ
建築設計製図

勝又英明 著

A4 変判・88 頁・本体 2800 円＋税

建築家・槇文彦氏の名作、代官山ヒルサイドテラスの第6期の建築を徹底解剖し、RC造複合施設の計画・設計・製図を学ぶ入門書。構造的にもシンプルで美しい建築をもとに、撮り下ろしの豊富な写真を参照しながら、空間のつくりかた、ゾーニング、寸法、設備、外構、ディテールに触れる。社会人1年生の学びなおしにも最適。

建築・設計・製図
住吉の長屋・屋久島の家・東大阪の家に学ぶ

貴志雅樹 監修

松本 明・横山天心 著

A4 変判・92 頁・本体 2800 円＋税

安藤忠雄「住吉の長屋」、堀部安嗣「屋久島の家」、岸和郎「東大阪の家」の名作住宅3題で製図、パース・模型制作、プレゼンテーションと一連のスキルを学べる入門書。中庭をもつ矩形平面という3題の共通点や、周辺環境や構造種別（RC造・木造・S造）に応じた個々のプランニングで、空間を読み解きながらの基礎習得を実現。

建築デザイン製図

松本正富 編著

政木哲也・半海宏一・鯵坂誠之 著

A4 変判・112 頁・本体 2800 円＋税

実務に則した汎用的なプランニングや納まりをもつ木造住宅とRC造複合ビルの1/100製図手順を徹底解説。簡易透視図法によるパースの描き方、模型のつくり方、プレゼンテーションテクニックまで網羅し、「伝わる建築プレゼンテーション」を素早く習得。各章末に、課題ごとの評価基準を見える化した「ルーブリック評価シート」付。

改訂版
名作住宅で学ぶ建築製図

藤木庸介 編著

中村 潔・林田大作・

村辻水音・山田細香 著

A4 変判・96 頁・本体 2800 円＋税

篠原一男「白の家」を描き方のメインの題材とし、そのほかに吉阪隆正、広瀬鎌二、吉村順三、前川國男、などの近代名作住宅で学ぶ製図テキスト。多くの大学、専門学校で教科書として利用されてきた本書に、新たにRC造である名作・吉阪隆正「浦邸」を追加し、改訂版とした。作品の概観・室内写真なども掲載している。

学芸出版社 ― Gakugei Shuppansha

建築・まちづくりの情報発信
ホームページもご覧ください

✎ WEB GAKUGEI
www.gakugei-pub.jp/

📄 図書目録

📄 セミナー情報

📄 著者インタビュー

📄 電子書籍

📄 おすすめの1冊

📄 メルマガ申込（新刊＆イベント案内）

📄 Twitter

📄 編集者ブログ

📄 連載記事など